数/据/驱/动/下/的
大型城市功能与客流协同优化研究

U0367202

王兆华 祝歆
著

 化学工业出版社
·北京·

内 容 简 介

本书深入探讨了大数据背景下，如何利用大数据赋能城市治理，如何通过调整北京城市用地布局实现北京市交通-用地协同优化，进而实现北京市庞大城市资源合理的布局和分配，为北京等大型城市在海量人口、资源汇集的同时保障城市的高效、稳定运行提供了解决方案和实现路径。全书共 8 章，主要包括地铁站点影响域范围精细化划分、地铁站点影响域用地精细化评价、基于复杂网络的公交网络优化、北京市职住空间影响因素研究、地铁站点影响域内用地-客流互动机理、城市交通-用地协同优化等内容。

本书可供高等院校交通规划、城市规划类专业师生，城市管理人员、规划研究人员参考阅读。

图书在版编目（CIP）数据

数据驱动下的大型城市功能与客流协同优化研究/王兆华，祝歆著 . —北京：化学工业出版社，2023.11

ISBN 978-7-122-44217-8

Ⅰ.①数…　Ⅱ.①王…②祝…　Ⅲ.①城市铁路-交通网-旅客运输-运营管理-研究　Ⅳ.①U239.5

中国国家版本馆 CIP 数据核字（2023）第 179414 号

责任编辑：张海丽
责任校对：李露洁
装帧设计：刘丽华

出版发行：化学工业出版社（北京市东城区青年湖南街 13 号　邮政编码 100011）
印　　刷：三河市航远印刷有限公司
装　　订：三河市宇新装订厂
710mm×1000mm　1/16　印张 11¼　字数 197 千字　2024 年 1 月北京第 1 版第 1 次印刷

购书咨询：010-64518888
售后服务：010-64518899
网　　址：http://www.cip.com.cn

凡购买本书，如有缺损质量问题，本社销售中心负责调换。

定　　价：98.00 元

习近平总书记于 2014 年视察北京时提出明确城市战略定位、调整疏解非首都核心功能等要求，定下了北京市"疏解整治促提升"（简称"疏整促"）的基调。"疏整促"工作的目标在于解决北京市因"用地资源过密分布""职住功能区不合理分布"等城市布局问题引发的污染严重、地铁拥挤等一系列"大城市病"。2021 年，北京市印发了《关于"十四五"时期深化推进"疏解整治促提升"专项行动的实施意见》，指出，要"内部功能重组与向外疏解相促进"，即"优化存量、控制增量、疏解余量"。本书将"十四五"时期北京"疏整促"专项行动中的目标作为现实问题，针对这一现实问题展开后续一系列的研究。

在社会治理领域，"用数据决策、用数据服务、用数据治理、用数据创新"逐渐成为共识。随着数字技术赋能城市治理，城市发展也由高速增长向高质量发展逐步推进。对于首都而言，城市是由城市功能、城市交通、城市人口等一系列子系统组成的复杂系统。交通系统作为城市系统中连接城市功能、人口两个子系统的重要纽带，其布局与城市资源空间布局的匹配度，决定了城市运行效率和城市治理水平。对于城市功能、交通以及人口三个子系统而言，城市功能与交通子系统之间存在"源与流"的关系，"源"的失衡布局是"流"不畅的根源；人口子系统中人口的区域分布以及人口在区域间的流动又是城市功能、交通系统相互作用的直观表征。

"疏整促"背后的科学问题实则是北京市城市用地的布局优化问题，本书着眼于地铁站点影响域内用地与地铁系统的协同优化问题，从地铁站点影响域内用地对地铁站点客流影响机理这一关键点入手，扩展了职住空间特征研究角度，将静态与动态职住空间特征相结合，探索不同职住空间类型的分布特点和通勤联系，拓展了大数据方法在城市规划中的应用方向；针对地铁站点客流需求预测场景，提出了基于 Stacking 集成学习框架的地铁站点客流需求预测模型，并深入分析了不同属性用地与地铁站点客流需求之间的量化关系，进一步深化了用地-客流互动理论；构建了地铁站点影响域多目标优化模型，实现了地铁系统与站点影响域内用地的协同优化，提出了城市用地布局方案，兼顾用地布局合理化、经济效益最优化、市民幸福感最大化，对缓解"大城市病"问题具有积极意义。

本书扩展了对职住空间特征研究的角度，通过聚类方法探索不同职住空间类型的分布特点和通勤联系，丰富了职住空间与公共交通间互动关系的研究思路，为后续的相关研究提供了更加全面的数据支持和科学理论基础；同时，拓展了大数据方法在城市规划中的应用方向，基于多源大数据，将职住空间类型与宏观社会经济影响因素、建成环境影响因素相结合，探究不同类型职住分离及失衡的主要影响因素，为职住研究提供了多层次的数据支持；丰富了轨道交通与城市职住空间平衡的理论，为城市规划提供了更加科学的数据支持和技术手段。

本书由王兆华、祝歆共同编写完成，具体分工如下：第 1 章、第 2 章、第 3 章、第 6 章、第 7 章、第 8 章由王兆华编写，第 4 章、第 5 章由祝歆编写。北京印刷学院、北京联合大学、北京交通大学以及北京市哲学社会科学规划办公室对本书的研究工作给予了莫大关心和支持，特此表示感谢。

作者

2023 年 8 月

目录

第3章
地铁站点影响域用地精细化评价方法/ 032

第4章
基于复杂网络的公交网络优化研究/ 053

第5章
北京市职住空间影响因素研究/ 066

第6章
地铁站点影响域内用地-客流互动机理研究/ 097

第7章
城市交通-用地协同优化研究/ 130

第8章
总结和展望/ 157

概述 第1章

1.1　城市功能与客流协同优化研究开展的背景

2015 年，中央财经领导小组第九次会议指出，通过疏解北京非首都功能，调整经济结构和空间结构，走出一条内涵集约发展的新路子，促进区域协调发展，形成新增长极。"疏整促"是在北京市"大城市病"严重阻碍城市发展、严重影响居民幸福感的背景下提出的。21 世纪的前十年，北京经历了一轮人口高速增长，京津冀乃至全国的人口、功能过度地向北京集中，一方面使北京对周边地区产生较为严重的虹吸效应，限制了周边区域发展；另一方面过度拥挤的人口、资源使得北京出现严重的人口拥挤、住房紧张、交通拥堵、环境污染等问题，也就是"大城市病"。"大城市病"往往源于城市规划失调、城市功能区形成及发展态势与理想规划的差距、职住空间错位等城市发展方面的现实问题。北京市目前的城市空间结构仍未能打破单中心发展模式，经济发展不平衡问题突出，功能布局过密与过疏并存，职住分离现象日益严重，公共交通拥挤现象难以解决，居住-就业存在较明显的空间错位，"大城市病"仍然没有得到显著缓解。

从北京市交通委 2020 年发布的《北京市交通发展年度报告》中可以看到，2019 年北京城市客运共送送乘客 84 亿人次，其中轨道交通共运送 39.62 亿人次，占客运总量的 47.2%，在所有交通方式中占比最高。可以说，轨道交通是北京市公共交通系统的绝对骨干力量。分析 2016—2018 年《北京市交通发展年度报告》中提供的北京市公共交通出行平均距离及耗时，结果见表 1-1（2019 年之后的报告不再提供平均距离及耗时数据，故不予考虑）。2017 年是北京市加大力度开展"疏整促"工作的开始节点，但从乘客平均出行距离和平均耗时两项指标来看，大力度开展"疏整促"行动前后，居民平均出行距离和平均出行耗时并未发生太大变化。

◆ 表 1-1　2016—2018 年北京公共交通乘客平均出行距离、耗时

年份	公交平均出行距离/km	地铁平均出行距离/km	公交平均出行耗时/min	地铁平均出行耗时/min
2016	11.2	17.9	66.7	74.7
2017	10.9	17.7	66.7	74.5
2018	11	17.9	67.7	75.3

　　通过 2017—2020 年《北京市交通发展年度报告》中地铁最大断面满载率两个指标进行分析（2017 年报告中未提供最大断面满载率这一指标），如图 1-1 所示，直至 2019 年，1 号线、9 号线、15 号线、房山线、亦庄线、西郊线最大断面客流均出现下降趋势，代表这些线路的乘客乘车环境有了一定改善；但与此同时，4 号-大兴线、6 号线、10 号线、S1 线最大断面客流却出现上升趋势，这代表着以上线路乘客乘车环境非但没有改善，反而变得更加糟糕。纵观全网，即使线路最大断面客流出现一定程度的下降，但仍有近一半线路高峰期最大断面客流超过 100%，乘客进站拥挤、乘车拥挤的问题同样没有得到有效解决。以上情况间接说明"疏整促"工作的开展，并未从根源上解决北京市职住用地分离强度过高、城市资源布局不合理的问题。这也暴露出"疏整促"工作中的一个问题：**北京市虽然已完成一部分资源的疏解，但是留存资源的空间布局仍然存在一定的不合理性。**

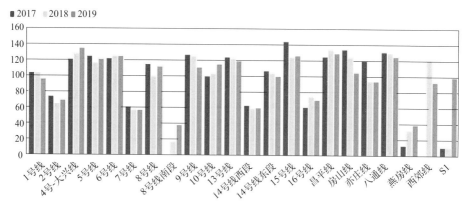

图 1-1　2017—2019 北京市各条地铁线路高峰期最大断面满载率

　　2017 年，习近平总书记在视察北京时提出，城市管理应该像绣花一样精细。这是推进新形势下首都城市精细化管理工作的科学指南和根本遵循。城市

精细化管理的内涵，不仅涉及城市运行保障、环境卫生保障等方面，还涉及城市交通管理、城市规划与发展方面。2021年，北京市印发了《关于"十四五"时期深化推进"疏解整治促提升"专项行动的实施意见》（后简称《实施意见》），指出要"内部功能重组与向外疏解相促进"，"推动一般性产业从整区域、大范围集中疏解向精准疏解、高效升级转变；适应用地调整优化需要，加快推进科教、医疗等公共服务设施向中心城区以外布局发展"。以上要求针对北京城市用地布局存在的"过密分布"以及"就业及公共等属性用地不合理分布"两个根源问题，提出了北京城市用地布局优化的方向，但对于城市用地优化的具体方案，并未做具体要求。

为满足《实施意见》中"精准疏解、高效升级"等要求，为"十四五"时期北京"疏整促"专项行动提供辅助决策支持，本书将已建成的地铁网络作为北京市资源调整的参考基准，将提升地铁乘车舒适度、提升地铁运营经济效率、提升地铁站点影响域内用地配置合理性等作为优化目标，完成地铁站点影响域内用地的优化调整，由此引出本书重点研究的六个问题。

（1）地铁站点影响域如何精细化划分

地铁站点作为轨道交通系统的基础单元，是轨道交通系统与城市系统产生交互的连接点。站点影响域则是城市居民与地铁系统产生交互的核心区域。站点影响域研究包含影响域范围划分，以及地铁站点对影响域内用地单元影响强度研究。地铁站点影响域研究是开展站点影响域内不同属性用地强度、不同属性用地对地铁站点客流需求影响研究的前提，站点影响域研究的合理与否直接决定了后续研究的质量。所以，本书的第一个研究问题是地铁站点影响域划分。

（2）如何实现地铁站点影响域内用地强度精细化评价

要基于已建成地铁系统进行地铁站点影响域内用地优化，必须明确地铁站点影响域内各类属性用地强度基本情况。既有研究在对城市用地或地铁站点影响域内用地进行研究时，多将用地面积、POI点数量等作为用地评价指标，评价结果精细化程度较低，难以区别每个用地单元之间由于规模差异带来的强度差异。为解决这一问题，本书要解决的第二个问题就是如何对地铁站点影响域内用地强度进行精细化评价。

（3）大数据背景下，公交网络如何优化

传统公交线网的优化多是在满足居民出行、满足开行合理性等层面展开。但对于线网调整后网络整体的效率、运力变化、出行便利性等指标，一直以来都缺乏完备的数据以及合理的方法对其进行考虑。随着大数据技术的发展成熟，北京市公交系统积累了海量公交数据，这些数据的积累为公交线网优化研究提供了扎实的数据基础。在此数据的基础上，有必要依托既有海量数据对北京市公交网络运行效率、网络负载等展开精细化研究。为解决这一问题，本书要解决的第三个问题就是如何利用现有海量数据，实现对北京市公交网络的精细化表征及关键指标的量化分析。

（4）北京市职住空间存在怎样的特征，职住空间分布受什么因素影响

我国正处在经济制度转型和空间重构的重要阶段，城市的空间形态和居民的生活方式都在发生着前所未有的变化。公共交通与用地布局逐渐成为城市规划的重要考虑因素，许多国家也逐步开展了有关公共交通导向的城市发展模式实践。居住和就业是城市空间结构的两个重要组成部分，城市职住结构的研究对城市的可持续发展意义重大。现有研究多以对城市职住空间现状描述为主，对其形成的内在机理和职住属性互动关系的深入分析较少，也未能与职住空间中存在的实际问题很好地结合。且在城市职住空间的研究中，多源数据间的融合主要集中在用地特征、人口特征等方面，在信息丰富度上较弱，缺乏对职住空间宏观因素的整体考虑，也未能提供相应的职住空间调整方案。针对此，本部分研究旨在解决北京市职住空间特征描述以及职住空间分布受哪些因素影响的问题。

（5）地铁站点影响域内用地对站点客流需求有何影响

地铁站点影响域内用地与地铁站点客流需求之间存在"源与流"的关系，四阶段法是解决这一问题的传统方法，但四阶段法目前已不能适应信息化、个性化的出行要求，难以适用于复杂的城市精准化客流需求预测。研究问题（4）中站点影响域用地优化的最终目的是通过用地调整，实现地铁系统和城市用地的协同优化。只有建立起地铁站点影响域内用地与客流之间的关联关系，才能在站点影响域内用地调整后预测不同站点可能出现的客流强度，进而实现用地多目标优化模型中不同时段地铁车厢满载率、车站乘客滞留率等指标的计算，最终实现研究问题（6）中多目标优化模型的优化目标。所以，本书要解决的第五个问题是分析地铁站点影响域内不同属性用地对站点客流需求的影响机理。

（6）怎样实现地铁站点影响域内交通-用地协同优化

《实施意见》中指出要"疏存量、优增量，推动一般性产业从整区域、大范围集中疏解向精准疏解、高效升级转变"。针对这一实际目标，本书最终要完成的是地铁站点影响域内用地优化研究。本书从地铁客流和用地调整两个大方向入手，旨在实现地铁系统与城市用地的协同优化。根据此建立地铁站点影响域内用地多目标优化模型，为北京市"疏整促"工作城市功能疏解、整治提供辅助决策支持。所以，本书的第六个研究问题便是从地铁-用地协同优化的视角入手，对地铁站点影响域内用地进行合理优化。

1.2 城市功能与客流协同优化研究的内容

　　城市公共交通运行与城市经济生活关系密切，公共交通站点作为人流和资源汇聚的节点，不同类型、规模、业态的城市基础设施围绕站点展开，形成了多样化的城市经济网络，并进一步与城市管理发生相互作用。本书从以上六个问题入手，从公共交通站点所形成的这一特殊城市网格出发，精细化分析总结北京城市发展的现状、问题及痛点。基于公交一卡通刷卡数据，结合百度、美团和安居客等商业网站的生活、消费、娱乐、房租房价等公开数据集，通过共享、集成、分析和挖掘这些多源多维度异构大数据，由点及线并由线及面地评估分析北京市各区域发展态势、功能布局、职住空间结构，基于大数据城市计算，为精准发掘北京城市精细化管理的靶点提供依据并寻找解决路径。依据此，本书主要研究内容包含以下六部分。

1.2.1 地铁站点影响域划分

　　地铁站点影响域划分研究主要从影响域范围划分以及地铁站点对不同距离城市用地单元影响能力两个层面入手。范围划分层面，以共享单车数据以及北京市公交刷卡数据为依托，构建针对步行、骑行、公交三类接驳方式的广义出行费用模型，并在广义出行费用模型的基础上，计算每类接驳方式的优势接驳范围，利用不同接驳模式的优势接驳范围，将地铁站点影响域范围划分为以地铁站点为圆心的三个影响域圈层。影响能力层面，构建了改进的Huff模型，并利用此模型计算了地铁站点对不同圈层、不同距离用地单元的影响强度。

1.2.2 基于多源大数据的城市发展精细化评价方法

　　为了实现精细化的地铁站点影响域用地评价，本书将影响域内城市用地单元作为评价主体，依托地图POI（Point of Interest，兴趣点）数据集、天眼查数据集等一系列城市大数据集，构建针对影响域内每个用地单元的多元、多维评价大数据集，依托用地单元评价大数据集，对每个地铁站点影响域范围内用地情况进行精细化评价，最终实现地铁站点影响域内用地强度评价，为第5章用地对客流的影响效应打下基础。

1.2.3　大数据驱动下的智能公共交通网络研究

从城市交通出行大数据研究视角出发，以海量公交、地铁刷卡数据为驱动，建立公交复杂网络与地铁复杂网络相结合的公交-地铁复合网络，并在分析公交-地铁复合复杂网络拓扑特征的基础上，提出了智能公共交通网络结构规划调节方法。以北京市为例，依托公共交通刷卡数据，对乘客交通行为及公共交通网络运行情况进行深入挖掘，以行驶效率作为网络权重构建公交-地铁加权复合网络，使其能更好地描述网络中各节点间的客流信息。重构的网络不仅可以科学地模拟整个网络交通的运行效率，也可以反映出现实中各线路和站点间的关系和重要性。将整体网络运行效率作为目标函数，通过增加与删除部分站点作为调节改进线网结构的方式，提高单位时间内网络承运客流，为出行大数据在智能交通领域的灵活应用提供了思路，为信息技术与交通系统融合，进一步解决大城市交通线网规划问题带来了新思路。

1.2.4　基于多元大数据的北京市职住空间特征影响因素

对职住空间影响因素进行分析，并构建职住空间影响因素模型，提出基于轨道交通通勤的职住空间调整流程。首先，通过集成、分析和挖掘天眼查、百度、安居客等商业网站多源异构大数据，从多个维度构建职住空间影响因素指标集。然后，基于多项 Logistic 回归模型构建职住空间影响因素模型，探究不同职住空间类型分离程度和平衡程度的主要影响因素。最后，将模型计算结果与区域现状相结合，识别区域职住空间的发展痛点，有针对性地对职住空间发展规划提出合理建议。

1.2.5　基于多元大数据的北京市职住空间特征及影响因素研究

依托第 3 章地铁站点影响域内用地评价研究结果，深入分析地铁站点影响域内用地对地铁站点客流需求的影响效应。在集成学习模型框架下，构建了基于 Stacking 模型框架的地铁站点客流需求预测模型，分析了工作日早、晚高峰，早、中、晚平峰；非工作日早、晚高峰，早、中、晚平峰共十个时段，不同站点用地配置下地铁站点客流需求的变化情况，并利用 SHAP 算法对 Stacking 集成模型预测结果进行解释，分析了不同属性用地对不同时段地铁站点客流需求的影响机理。

1.2.6 基于地铁站点影响域内用地配置的城市功能优化研究

依托前面的研究，针对北京市用地布局不合理、地铁乘坐舒适度差等问题，将地铁系统优化、地铁站点影响域内用地优化作为优化方向，以高峰期地铁站点乘客滞留率、地铁运营经济效益、站点影响域内用地混合度、站点影响域内生活品质以及站点影响域内用地功能冲突程度作为地铁站点影响域用地优化目标，构建地铁站点影响域内用地多目标优化模型，利用改进的 NSGA-Ⅲ 算法对多目标优化模型进行求解。

1.3 城市功能与客流协同优化研究的方法

本书主要涉及以下方法：

① 基于随机效用理论，构建了地铁接驳广义出行费用模型，从步行、骑行、公交三类接驳模式入手，计算不同接驳模式下地铁站点影响域范围划分；构建了改进的 Huff 模型，在地铁站点影响域范围划分的基础上，研究了地铁站点对影响域内不同距离用地单元的影响强度。

② 对地铁站点影响域内用地单元进行评价时，由于用地单元类别不同，涉及数据字段差距较大，首先利用大数据预处理技术，完成本书涉及的多元多维大数据集的预处理；根据用地单元评价需求，对多元数据集进行抽取和集成，从中提取出不同数据集数据与用地单元实体间的关系，并进行关联和聚合。

③ 城市公交网络是由多个公交站点和复杂的公交线路组成的庞大网络。研究中经常将现实的网络抽象为 L 空间、C 空间和 P 空间三种网络模型。L 空间网络模型是最接近公交实际分布的拓扑结构模型，它以相邻站点作为节点并构建连边。P 空间网络模型又称为公交换乘网，可以清楚地描述公交系统中车站之间的换乘关系，它以公交车站为节点，为同一条线路上的所有车站之间建立连接。C 空间网络模型将公交线路抽象为节点，在拥有共同站点的线路间构建连边。本书为研究网络拓扑结构和线路情况，利用 L 空间网络模型和 C 空间网络模型构造北京市公共交通网络。

④ 利用组合分类技术，通过基于规则的决策树方法对轨道交通通勤人群进行识别，并提取通勤数据。利用北京职住空间特征测度结果，使用 K-Means 聚类算法对轨道交通站点进行合理分类，并基于多项 Logistic 回归模型，构建职住空间影响因素模型，探究不同职住空间类型的主要影响因素。

⑤ 地铁站点影响域内用地对不同时段站点客流需求的影响机理，可以转换为利用地铁站点影响域内用地强度数据，完成地铁站点不同时段客流需求预测的问题。本书基于集成学习理论，构建 Stacking 集成学习框架下的客流需求预测集成学习模型，利用 SHAP 算法对集成学习模型预测结果进行分析，完成地铁站点影响域内八类用地属性对不同时段客流需求影响机理的分析。

⑥ 为实现地铁站点影响域内用地-交通的协同优化，本书从用地优化与交通优化两个方向入手，将高峰期站点乘客滞留率最小、地铁运营经济效益最优、站点影响域内用地混合度最高、站点影响域内生活品质最优以及站点影响域内用地冲突程度最小作为优化目标，构建地铁站点影响域内用地多目标优化模型，利用 NSGA-Ⅲ 算法对模型进行求解，实现地铁站点影响域内用地-交通协同优化。

1.4　城市功能与客流协同优化研究的创新之处

（1）提出了综合考虑影响范围、强度的地铁站点影响域划分方法

传统研究从地理空间层面实现地铁站点影响域的空间划分，并不能很好地诠释地铁的"影响"效应。针对此，本书将地铁站点对周边客流的吸引作为地铁站点影响周边区域的作用途径，构建了基于广义出行费用模型、Huff 模型的地铁站点影响域划分模型，完成了针对地铁站点影响域范围、站点对不同距离下用地单元的影响强度两个划分要素，以及地铁站点影响域划分研究。研究结果不仅考虑了地铁站点影响域范围，也考虑了站点对周边用地的影响，较好地表现出站点影响域的实际情况。

（2）设计了地铁站点影响域内用地的精细化评价方法

传统研究对城市用地进行评价时多将土地利用面积、城市 POI 点数量等作为评价主体，难以区别不同用地单元之间的规模、体量差异。为解决这一问题，本书融合了多元、多维城市大数据集，利用粒度更细的评价主体——用地单元，对地铁站点影响域内用地强度进行全面、精细化评价。构建针对城市用地单元的城市用地评价数据集，以完成地铁站点影响域用地强度评价。相对传统研究，本书实现了地铁站点影响域乃至城市用地精准、精细、全面的评价，深化了城市土地利用研究。

（3）设计了基于复杂网络的公交线网优化方法

公交系统作为城市公共交通重要的组成部分，对其进行规划调整涉及面广，且需要足够科学的方法和基础来支持决策。模型以大量的乘客刷卡数据为基础，在真实数据所反映出的问题中寻找突破口，科学合理地为交通智能化提

供支撑。另外，模型采用数据不受时段空间的约束，可以为不同地区的智能交通网络规划提供借鉴。刷卡数据与路线作为最基础且最具代表性的交通数据，在交通系统中易获取，并且承载了居民日常利用公共交通出行的特征。因此，虽然本书只针对北京市中心城区的公交网络进行了仿真模拟优化，但此研究方法可以推广到其他城市，尤其是交通拥堵情况较为严重的大城市。

（4）明晰北京职住空间特征及其影响因素

居住和就业是城市空间结构的两个重要组成部分，城市职住结构的研究对城市的可持续发展意义重大。从理论角度来看，本书扩展了对职住空间特征研究的角度，将静态与动态职住空间特征相结合，分析北京职住空间分布特点以及轨道交通通勤现状，并通过聚类方法探索不同职住空间类型的分布特点和通勤联系，丰富了职住空间与公共交通间互动关系的研究思路。其次，拓展了大数据方法在城市规划中的应用方向。基于多源大数据，将职住空间类型与宏观社会经济影响因素、建成环境影响因素相结合，探究不同类型职住分离及失衡的主要影响因素，为职住研究提供多层次的数据支持，丰富了轨道交通与城市职住空间平衡的理论。

（5）分析了地铁站点影响域内用地对不同时段站点客流需求的影响机理

在 Stacking 集成学习框架下构建了针对地铁站点客流需求预测场景的地铁站点客流需求预测模型。在此模型的基础上，深入讨论了地铁站点影响域内八类属性用地与地铁站点客流需求间的关联关系，分析了地铁站点影响域内用地对工作日早、晚高峰，早、中、晚平峰；休息日早、晚高峰，早、中、晚平峰十个时段客流的影响机理，建立起不同属性用地与地铁站点客流需求之间的量化关系，进一步深化了用地-客流互动理论。

（6）实现了地铁站点影响域内交通、用地的协同优化

从公共交通与城市用地协同优化的角度入手，构建了地铁站点影响域多目标优化模型，实现了地铁系统与站点影响域内用地的协同优化。通过站点影响域内用地调整，一方面改变了城市各类属性用地的空间布局，另一方面也改变了地铁系统的客流结构。二者实现协同优化时的用地布局方案，能够使城市土地利用与城市轨道交通两个系统都达到相对较优的状态。相较于传统的地铁线网、客流优化或城市土地利用优化研究，本书在城市用地布局优化时，兼顾用地布局合理化、经济效益最优化、市民幸福感最大化，针对北京市"大城市病"提出了较为合理的城市用地布局方案。

第2章
地铁站点影响域范围
精细化划分研究

地铁站点影响域通常指某一地铁站点对周边土地、人口影响效应最强的空间区域，地铁站点影响域内土地利用研究是新建地铁站点潜在客流规模、接驳设施配置、车站 TOD（Transit-Oriented Development，以公共交通为导向的开发）规划等一系列工作开展的基础。地铁站点影响域合理划分离不开两个关键要素，一是地铁站点影响域范围划分，二是地铁站点对影响域内用地影响强度分析。地铁站点影响域范围划分，主要指圈定地铁站点影响效应最强的空间范围边界。本书主要针对土地-客流互动相关内容，所以在本书划分地铁站点影响域范围时，主要着眼于地铁站点对影响域内客流的吸引，用地铁站点不同接驳方式下的合理接驳范围来表征地铁站点影响域范围。地铁站点对影响域内不同距离的用地单元影响强度的差异巨大，地铁站点对影响域内用地单元影响强度主要受两个因素影响：一是用地单元与地铁站点之间的空间距离，二是用地单元与地铁站点之间的可达便利性。传统研究在对地铁站点影响域进行划分时，关注地理空间较多，关注客流吸引较少。关注范围划分较多，关注影响强度较少。本章从现有研究中存在的不足入手，对地铁站点影响域划分展开研究。

2.1 站点影响域划分现状

地铁是城市公共交通系统中的骨干，地铁站点与站点周边城市区域会产生相互影响的关系，地铁站点对周边区域影响范围的划定对于城市管理的理论研究与实际操作都有着非常重要的意义。交通站点影响区域在不同的研究中有不同的表述。从交通视角开展的站点影响范围研究，多将地铁站点影响域表述为"catchment area" "service area"、客流吸引范围、客流辐射区域、客流接驳区域等，此类研究中地铁站点影响区域可以理解为轨道交通站点服务所能辐射的区域，也就是大部分轨道交通系统服务乘客的来源区域。从城市规划视角开展的研究，多将地铁站点影响区域表述为"TOD area""station area"、站点步行吸引范围等，此类研究中站点影响区域主要指围绕站点布置的土地混合使用社区，并未将土地与交通客流等因素考虑在内。本书的内容主要是地铁站点影响区域内客流与用地之间的关系，本书用"站点影响域"代指地铁站点服务主要覆盖的区域，这一区域既是地铁乘客主要来源，也是围绕地铁系统展开的各类用地的汇集地。

2.1.1 地铁站点影响域边缘形态

地铁站点影响域边缘形态多种多样，不同研究人员对地铁站点影响域的研究侧重点存在差异，这也使得影响域形态在计算时存在极大的差异。主流研究多使用近邻模型（Proximity-only models）完成边缘形态的划分。站点影响域边缘形态的主要划分结果包含两类，分别是圆环形和多边形。圆环形范围边界较简单，以站点为中心，以乘客到达站点的时间或距离为半径，不同接驳方式对应不同的半径，最终形成一个个嵌套的圆环形态。多边形边界则取决于站点周边的道路、建筑物等建成环境，根据环境来划分影响区域边界。泰森多边形是常见的多边形划分方法。泰森多边形最早由荷兰学者 Thiessen 提出，其初衷是为了研究气象站周边降雨强度，由于其对降雨区域边界的划分方法与站点影响域边界划分十分相似，被广泛应用于地铁站点影响域边界划分的研究中。泰森多边形站点影响域边缘形态的特点在于每个多边形区域内仅包含一个站点，且多边形范围内的虚拟点到达站点的距离均小于其到达其他站点的距离。泰森多边形虽然在站点影响区域划分研究中有着广泛的应用，但其在实际应用中的弊端也十分明显，不少研究在使用泰森多边形划分的影响区域范围边缘形态时出现了不合常理的超大范围。

2.1.2 地铁站点影响域范围大小

现有研究中对于地铁站点影响区域范围大小的划分主要分为两类，一类是政府机构、专家学者根据工作经验、调研结果主观划分地铁站点影响范围，另一类则通过建立模型、分析刷卡数据等手段进行量化分析。世界各国政府在城市规划中，对地铁站点影响域范围划分有不同的规定。中国在《城市轨道沿线地区规划设计导则》中规定，轨道交通影响区域指距离地铁站点500～800m 的区域，此区域内乘客步行 15min 以内可以到达站点入口，将这一区域认定为与轨道交通密切关联的地区；轨道交通核心区域为距离地铁站点 300～500m 范围的区域，此范围是地铁站点与周边建筑及公共空间直接相连的区域。2009 年，美国交通协会从实用视角入手，发表了一份文件，定义了不同交通方式的典型影响区域。此文件中，每种交通方式都被定义为具有三个影响区域——核心影响区域、主要影响区域以及次要影响区域。根据实地调研数据，美国地铁站点影响域通常被定义为距离车站 500m 的范围内。在韩国发展研究院（Korea Development Institute）发布的报告 *The fifth edition of transportation feasibility studies* 中表明，这一影响范围在韩国同样适用。

不同国家的研究人员对于本国或本地区的地铁站点影响域范围划分也存在较大差异，比较主流的范围是在地铁站点附近 800m 半径范围内，即乘客步行 10min 可以到达的区域。美国及加拿大专家学者研究表明，北美地区到达城市轨道交通站点步行距离一般不会超过 1750m，且 50% 的乘客步行距离在 900m 以内，故北美地区专家学者多将轨道站点附近半径为 400～800m 覆盖区域作为轨道交通站点直接吸引区；由于北美地区地广人稀，也有专家学者将轨道站点附近半径为 1600m 所覆盖区域作为次级吸引区。尤因和瑟韦罗在加州的一项案例研究中显示，住在离中转站半英里（1 英里≈1.6km）范围内的人使用中转站的可能性是住在离中转站半英里到三英里之间的人的 4 倍。韩国的 Kim 和 Nam 对首尔的 7 个地铁站点近 700 名路人进行调查，确定了车站影响域的大小，特别是在步行距离方面。他们发现，一般大小和步行距离分别为 462m 和 376m。

Taylar 等采用距离衰减权重回归模型探究了西班牙马德里地铁站点客流影响因素；Jun 等基于 Logit 模型探究了韩国首尔地铁站点客流影响因素；Sohn 等通过多元线性回归和结构方程模型挖掘出影响地铁站点客流的变量；Choi 等探讨了首尔地铁站点间客流的影响因素；Zhao 等建立站点客流直接预测模型，探讨了影响南京客流的主要因素；Sun 等采用多元线性回归方法，探讨了北京市地铁站点客流的影响因素。从接驳方式选择及不同方式接驳距离来看，Krygsman 等讨论了运输方式和活动选择之间的关系；Javanmardi 认为出行选择是由行程时间和出行花费共同决定的；Müller 认为影响出行者从低成本的交通方式（如自行车）切换到高成本的交通方式（如公共交通）的主要因素是距离，即每种交通方式都有其效率最高的出行距离；华雪东提出城市居民选择出行方式主要依据的是出行方式所需的费用；项昀等提出了基于分担率函数的优势运距量化分析方法，指出优势运距是指在一定的距离范围内，某种运输方式相较于其他方式所存在的优势，可以分为绝对优势运距和相对优势运距。

数据驱动下的大型城市功能
与客流协同优化研究

2.2 地铁站点影响域范围

　　地铁站点影响域勾勒出地铁乘客所处空间区域，这一区域的范围及边界形状可能受各种因素影响，如交通网络、车站位置、可达性、到达站点方式、土地利用情况等。现实生活中，乘客在选择车站时，距离并非唯一因素，进站口数量及分布、接驳时间、出行总时间、车辆到站频率、消耗成本等均属于乘客需要考虑的因素。例如，价格敏感型乘客可能会选择距离他们最终目的地更近的地铁车站上车，以节省总出行成本；舒适度敏感型乘客则可能选择离目的地更远的地铁站上车，以确保能够获得座位，进而提高出行舒适性。Sanko 等发现，站点影响域面积大小会受到出行方式、发车频率、车站间隔的影响。当划定地铁站点影响域范围后，地铁站点对影响域内不同距离范围的乘客吸引能力也有较大差异，总体来说满足距离越远吸引能力越弱的规律，但在不同接驳方式下，这一吸引能力又会产生差异。基于以上分析，地铁站点影响域范围研究主要包含两个层面内容，一是完成范围的划定，二是明确地铁站点对不同距离用地单元的影响强度。据此，本书为同时完成范围划定及站点对不同距离用地单位的影响强度研究，构建基于广义出行费用模型以及改进 Huff 模型的地铁站点影响域划分模型，利用广义出行费用模型完成范围划定，利用改进的 Huff 模型完成地铁站点对不同距离下的用地单元影响强度分析。

　　本节研究对象为三种接驳方式构成的地铁站点接驳体系，如图 2-1 所示。其中，S 为地铁站点，D 为乘客起讫点，主要接驳方式 k 分别为步行、骑行、公交。不同乘客到达地铁站点的方式不同，每种接驳方式对应的站点影响域差异巨大，乘客到达地铁站点的接驳方式对地铁站点影响域范围划分有着决定性的影响。由于本书重点考虑直接到达地铁站点的情形，故对于三种接驳方式之间的交替使用情形不予考虑，仅对直达情况进行分析。

　　既有研究对广义出行费用进行建模时，多以乘客出行时间成本和费用成本

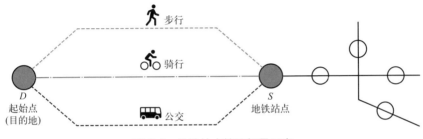

图 2-1　地铁站点接驳场景示意

作为广义出行费用成本主要构成项。既有研究在对广义出行费用进行描述时，对于出行距离、时间均进行简化处理，并未考虑乘客在接驳过程中随接驳距离和时间增加而带来的感知变化。为解决这一问题，本书在现有研究基础上，充分考虑了乘客由接驳距离改变带来的感知变化，改进地铁接驳广义出行费用的计算方法，完善地铁接驳广义出行费用模型。

2.2.1 基于地铁接驳广义出行费用模型的站点影响域范围划分

（1）符号定义

模型中符号参数定义见表 2-1。

◆ 表 2-1 广义出行费用模型参数

符号	定义
D	起始点
S	地铁站点
k	接驳方式，包括步行（walk）、骑行（bike）、公交（bus）三种
C_k	$D \rightarrow S$ 或 $S \rightarrow D$ 选择接驳方式 k 的广义出行费用
C_k^t	出行时间成本
C_k^m	出行经济成本
C_k^e	体能消耗成本
l_k	乘客选取不同接驳方式时期望的接驳范围
l	乘客实际出行距离
α	乘客时间价值
γ_k^e	体能消耗系数，步行及骑行与乘客接驳距离相关，公交与接驳距离及拥挤度相关
λ_k	超出理想接驳距离后的惩罚系数
β_{walk}	步行便利度，与地铁站点理想步行范围内路网密度相关
β_{bike}	单车便利度，与地铁站点理想骑行范围内接驳共享单车数量相关
β_{bus}	公交便利度，与接驳地铁站点公交线路数相关

（2）地铁接驳广义出行费用模型

1）步行接驳广义出行费用

步行接驳方式并未涉及任何服务提供商，故接驳过程中并不涉及经济成本。步行接驳过程中产生的广义出行成本主要包括时间成本、体能消耗成本两类，故其广义出行费用 $C_{walk} = C_{walk}^t + C_{walk}^e$。乘客平均步行速度为 v_{walk}，当乘客选择步行进行接驳时，主要有 $l_{walk} \leqslant l$，$l_{walk} < l \leqslant l_{bike}$，$l_{bike} < l \leqslant l_{bus}$ 和 $l > l_{bus}$ 四种情形，但由于后两种情形步行距离太远，大部分人在该距离下不会选择步行方式进行接驳，故本书对于后两种情形不予考虑。

当 $l \leqslant l_{walk}$ 时，乘客欣然接受步行接驳方式，步行接驳广义出行时间费用如下：

$$C_{walk}^{t} = \alpha \beta_{walk} \frac{l}{v_{walk}} \tag{2-1}$$

当 $l_{walk} < l \leqslant l_{bike}$ 时，乘客对于超出理想步行接驳范围的部分不满意度会增加，将超出理想步行范围所花费的惩罚系数记为 λ_{walk}，此时步行接驳广义出行时间费用如下：

$$C_{walk}^{t} = \alpha \beta_{walk} \left[\frac{l_{walk}}{v_{walk}} + (1 + \lambda_{walk}) \left(\frac{l - l_{walk}}{v_{walk}} \right) \right] \tag{2-2}$$

乘客体能消耗广义出行费用随距离增加而增加，所以步行接驳广义出行体能消耗费用如下：

$$C_{walk}^{e} = \gamma_{walk}^{e} \beta_{walk} \lambda_{walk} \frac{l}{v_{walk}} \tag{2-3}$$

对于步行接驳广义出行费用：

$$C_{walk} = \begin{cases} (\alpha + \gamma_{walk}^{e} \lambda_{walk}) \dfrac{l \beta_{walk}}{v_{walk}}, l \leqslant l_{walk} \\ \beta_{walk} \left\{ \left(\gamma_{walk}^{e} \lambda_{walk} \dfrac{l}{v_{walk}} \right) + \alpha \left[\dfrac{l_{walk}}{v_{walk}} + (1 + \lambda_{walk}) \left(\dfrac{l - l_{walk}}{v_{walk}} \right) \right] \right\}, l_{walk} < l \leqslant l_{bike} \end{cases} \tag{2-4}$$

λ_{walk} 随距离的增长而增长，λ_{walk} 与距离的关系如下：

$$\lambda_{walk} = \frac{l}{l_{walk}} \tag{2-5}$$

2）骑行接驳广义出行费用

对于共享单车广义出行费用建模时三类成本均有涉及，记骑行平均速度为 v_{bike}。站点 3km 范围内共享单车活跃度 β_{bike}，此处定义 3km 范围内骑行活动属于接驳骑行，3km 范围外骑行活动不计作接驳骑行活动。单车活跃度定义为站点 3km 范围内共享单车开锁次数占全市共享单车开锁次数比例，单车活跃度 β_{bike} 越高则认为该站点共享单车获取难度越低，反之获取难度越高。

骑行时间成本 C_{bike}^{t} 与骑行距离相关，乘客选择骑行（共享单车）进行接驳时，主要分为 $l \leqslant l_{bike}$、$l_{bike} < l \leqslant l_{bus}$ 和 $l > l_{bus}$ 三种情形，由于第三种情形骑行距离太远，此处不予考虑。共享单车接驳方式分为两个过程，分别是寻车过程以及骑行过程，如图 2-2 所示。参考张秋圆的研究，此处假设乘客从出发点到开锁点距离不超过 500m，则从起始点到开锁点的广义出行费用 C_{bike}^{find} 如下：

$$C_{\text{bike}}^{\text{find}} = \alpha\beta_{\text{walk}}\left(\beta_{\text{bike}}\frac{500}{v_{\text{walk}}} + \gamma_{\text{walk}}^{\text{e}}\lambda_{\text{walk}}\frac{500}{v_{\text{walk}}}\right) \tag{2-6}$$

图 2-2　自行车骑行过程示意图

当 $l \leqslant l_{\text{bike}}$ 时，乘客乐于选择骑行接驳方式，骑行时间成本如下：

$$C_{\text{bike}}^{\text{t}} = \alpha\beta_{\text{bike}}\frac{l}{v_{\text{bike}}} \tag{2-7}$$

$$C_{\text{bike}}^{\text{e}} = \gamma_{\text{bike}}^{\text{e}}\frac{l}{v_{\text{bike}}} \tag{2-8}$$

当 $l_{\text{bike}} < l \leqslant l_{\text{bus}}$ 时，乘客对于超出理想骑行接驳范围的部分不满意度会增加，将超出理想骑行范围所花费的惩罚系数记为 λ_{bike}，骑行时间成本及体能消耗成本如下：

$$C_{\text{bike}}^{\text{t}} = \alpha\beta_{\text{bike}}\left[\frac{l_{\text{bike}}}{v_{\text{bike}}} + (1+\lambda_{\text{bike}})\left(\frac{l-l_{\text{bike}}}{v_{\text{bike}}}\right)\right] \tag{2-9}$$

$$C_{\text{bike}}^{\text{e}} = \gamma_{\text{bike}}^{\text{e}}\frac{l_{\text{bike}}}{v_{\text{bike}}} + \lambda_{\text{bike}}\gamma_{\text{bike}}^{\text{e}}\frac{l-l_{\text{bike}}}{v_{\text{bike}}} \tag{2-10}$$

骑行成本 $C_{\text{bike}}^{\text{m}}$ 主要为乘客使用共享单车成本，本书数据为 2017 年北京市共享单车数据，所以按照 2017 年北京市收费标准（每 30min1.5 元）计算。由于接驳骑行耗时均低于 30min，故 $C_{\text{bike}}^{\text{m}}$ 为定值 1.5 元。

λ_{bike} 随距离的增长而增长，λ_{bike} 与距离的关系如下：

$$\lambda_{\text{bike}} = \frac{l}{l_{\text{bike}}} \tag{2-11}$$

对于骑行接驳广义出行费用如下：

$$C_{\text{bike}} = C_{\text{bike}}^{\text{find}} + \begin{cases} (\alpha\beta_{\text{bike}} + \gamma_{\text{bike}}^{\text{e}})\dfrac{l}{v_{\text{bike}}} + 1.5, l_{\text{walk}} < l \leqslant l_{\text{bike}} \\[2mm] (\alpha\beta_{\text{bike}} + \gamma_{\text{bike}}^{\text{e}})\dfrac{l_{\text{bike}}}{v_{\text{bike}}} + (1+\lambda_{\text{bike}})(\alpha\beta_{\text{bike}} + \gamma_{\text{bike}}^{\text{e}})\dfrac{l-l_{\text{bike}}}{v_{\text{bike}}} + 1.5, l_{\text{bike}} < l \leqslant l_{\text{bus}} \end{cases}$$
$$\tag{2-12}$$

3）公交接驳广义出行费用

对于公交接驳广义出行费用建模时同样需要考虑三方面成本。记公交车平均速度为 v_{bus}。

数据驱动下的大型城市功能
与客流协同优化研究

公交接驳时间成本 $C_{\mathrm{bus}}^{\mathrm{t}}$ 为：

$$C_{\mathrm{bus}}^{\mathrm{t}} = \alpha\beta_{\mathrm{bus}}\frac{l}{v_{\mathrm{bus}}} \qquad (2\text{-}13)$$

公交接驳体能消耗成本为：

$$C_{\mathrm{bus}}^{\mathrm{e}} = \gamma_{\mathrm{bus}}^{\mathrm{e}}\frac{l}{v_{\mathrm{bus}}} \qquad (2\text{-}14)$$

票价费用 $C_{\mathrm{bus}}^{\mathrm{m}}$ 为乘客乘坐公交车的费用，北京市公交按照里程进行定价，10公里内2元起步，接驳行程不会超过起步行程，所以 $C_{\mathrm{bus}}^{\mathrm{m}}$ 为2元定值。

公交接驳广义出行费用为：

$$C_{\mathrm{bus}} = (\alpha\beta_{\mathrm{bus}} + \gamma_{\mathrm{bus}}^{\mathrm{e}})\frac{l}{v_{\mathrm{bus}}} + 2 \qquad (2\text{-}15)$$

本章利用接驳效用来衡量不同类别接驳模式的优势接驳范围。接驳效用一般指乘客在选择不同接驳模式时其愿望获得满足的程度。根据随机效用理论，地铁站点不同接驳模式在相同接驳距离情形下的概率密度函数可以表达为：

$$p_{k,D} = \frac{E_{k,D}}{\sum\limits_{k}E_{k,D}} \qquad (2\text{-}16)$$

式中，$E_{k,D}$ 为接驳方式 k 在接驳距离 D 时的出行效用值，有：

$$E_{k,D} = \frac{1}{C_{k,D}} \qquad (2\text{-}17)$$

式中，$C_{k,D}$ 为接驳方式 k 在接驳距离 D 时的广义出行费用。

在计算三类交通模式优势接驳范围时，最大接驳距离限定在4km以内，即公交接驳范围限定在4km以内，4km以外的交通行为不作接驳行为考虑。根据广义出行费用模型，求得每个地铁站点在不同接驳距离时的概率密度，进而得到不同站点步行、共享单车接驳方式的最大接驳区间，并将这一区间作为该类接驳方式的优势接驳范围，也即地铁站点在该类接驳方式下的站点影响域。对于公交优势接驳范围，使用公交刷卡数据，计算4km范围内接驳公交行程数据中前80%客流接驳范围的平均值作为公交接驳的优势接驳范围。

2.2.2 地铁站点对不同距离用地单元影响强度

地铁站点影响域即地铁站点能够产生影响的区域，也可以理解为地铁站点会对这一区域内的人员、设施产生一定影响。据此，地铁站点影响域应该包含两个要素，一是影响域半径，二是站点对影响域内不同区域的影响效果。地铁站点影响域范围划分主要依托上面地铁站点不同接驳模式下的优势接驳距离展开，根据三类优势接驳距离，可以将地铁站点影响域根据每类接驳方式划分为三个圈层，每个圈层的差异主要体现在站点对影响域内乘客吸引能力的不同。

对于地铁站点影响域三个圈层内站点影响效果而言，由于影响域是一个空间概念，根据聚集效应理论，地铁站点影响域可以看作一个聚集效应场，随着距离的扩大，地铁站点对周边区域的影响效果将会越来越弱直至消失。

1929 年，由莱利等利用重力模型计算了商业用地吸引力，提出了零售力法则，莱利等的模型中商业用地的吸引力与距离成反比，与人口密度成正比，但城市中交通资源分布并不均匀，这导致零售力法则在使用中存在一些问题。

$$F_i = C_i K \frac{NN_i}{D_i^2} \tag{2-18}$$

式中，F_i 为 i 地吸引力；C_i 表示 i 地消费水平；N 表示客流来源地人口数量；N_i 表示 i 地人口数量；D_i 表示两地间距离。

为计算地铁站点影响域范围，在每个地铁站点三类接驳模式合理出行范围的基础上，根据《城市轨道沿线地区规划设计导则》中相关要求以及现有研究的分析，步行优势出行范围代表着地铁站点对该范围内用地单元具有较强的吸引力，骑行次之，公交再次，以此为准则对引力模型进行改进，完成地铁站点对站点影响域影响效应的计算。记地铁站点对站点影响域内不同区域影响效应为 $P_{k,D}$，有：

$$P_{k,D} = K \frac{p_{k,D}}{D^2} \tag{2-19}$$

式中，$p_{k,D}$ 指距离站点 k 的距离为 D 的区域内到达站点 k 的客流量；K 是随距离衰减的分段函数：

$$K = \begin{cases} 1, D \leqslant D_{\text{walk}} \\ \dfrac{D_{\text{walk}}}{D}, D > D_{\text{walk}} \end{cases} \tag{2-20}$$

2.3 北京市地铁站点影响域范围划分结果及分析

2.3.1 数据处理

（1）共享单车数据处理

本章数据包含 2017 年某两周北京 40 余万辆共享单车被 30 余万用户的使用情况，数据包含 300 余万条出行记录数据。数据集包含订单 ID（orderid）、用户 ID（userid）、车辆 ID（bikeid）、车辆类型（biketype）、起始时间（starttime）、起始地区块（start_loc）、目的地区块（end_loc）等字段。本部分数据起始地区块、目的地区块两部分空间位置数据均经过 GeoHash 算法加密，需要对其解码方可获取单车 OD（Origin-Destination，起讫点）经纬度数据。此处选取数据集中某日某时刻原始数据作为结构示例，见表 2-2。

◆ 表 2-2 共享单车原始数据结构示例

orderid	userid	bikeid	biketype	starttime	start_loc	end_loc
2157207	298025	235340	2	18:59:43	wx4ertw	wx4erv0
205764	258862	29610	1	18:59:40	wx4dyyn	wx4dyvq
2225354	575443	241859	2	18:59:40	wx4fepk	wx4fg12
2413836	491707	259634	2	18:59:39	wx4dy6s	wx4dy3g
3862160	147457	396042	1	18:59:39	wx4g36r	wx4g39d

GeoHash 最早由 Gustavo Niemeyer 提出，是一种用短字符串表达经纬度坐标的地理编码系统，在给定精度下，某一区域内的所有坐标点都共享同一字符串，一方面解决了隐私问题，另一方面又减少了缓存空间，进而可以实现一定范围内区域的快速搜索，被共享单车等互联网企业广泛应用于设施、人员的实时定位中。GeoHash 字符串的长度决定了其能够表达的范围面积，长度越长，表达的面积就越小，8 位左右的 GeoHash 编码其精度在 20m 左右，9 位的 GeoHash 编码精度在 2m 左右。

GeoHash 算法在坐标转换时共经历两次编码，第一次编码采用二分的思想，将纬度区间从 $[-90,90]$，经度区间从 $[-180,180]$ 依次二分，坐标点落在左区间时记为 0，落在右区间时则记为 1。例如，$(39.12345,116.54321)$ 这个坐标点，第一次二分时纬度和经度分别隶属于 $[0,90]$ 和 $[0,180]$ 两个区间内，则首次二分纬度为 1，经度也为 1；第二次二分时纬度和经度分别隶属于 $[0,45]$ 和 $[90,180]$ 两个区间内，则第二次二分纬度为 0，经度为 1。以此类推，可以得到由 0、1 构成的新经纬度编码，对此编码进行组码，在偶数位放置经度编码，奇数位放置纬度编码，将两串编码融合为新的二进制字符串以供第二次编码使用。

第二次编码主要是对首次产生的位置点字符串进行 base32 编码，首先将 0、1 编码组成的二进制字符串转换为十进制，再根据 base32 编码表对其进行编码。base32 编码见表 2-3。

共享单车原始数据经纬度采用 GeoHash 算法进行编码，解码时逆向运行此算法即可得到每个单车开锁位置和关锁位置地理坐标。

十进制数字	0	1	2	3	4	5	6	7	8	9	10	11	12	13	14	15
base32 码	0	1	2	3	4	5	6	7	8	9	b	c	d	e	f	g
十进制数字	16	17	18	19	20	21	22	23	24	25	26	27	28	29	30	31
base32 码	h	J	k	m	N	p	q	r	t	t	u	v	w	x	y	z

（2）公交刷卡数据处理

本章涉及的自动售票检票系统（AFC）数据为北京公交公司 2017 年某周公交 AFC 数据，数据集中包含卡号（Card ID）、上车站点 ID（SC ID）、下车站点 ID（XC ID）、上车时间（SC time）、下车时间（XC time）、上车站名（SC name）、下车站名（XC name）七个字段。为了在众多公交站点中筛选地铁接驳站点，此处在 AFC 数据的基础上加入公交线网静态数据，其中包含公交站名（station_name）、站点经度（station_longitude）、站点纬度（station_latitude）三个字段。根据表格大小限制，此处经纬度仅给出两位小数，具体情况见表 2-4。

◆ 表 2-4　融合公交刷卡数据及静态公交线网数据后的公交数据结构

Card ID	C223DC90	69B6C6FA	CF1C72F3	C51727AC	99D33270
SC ID	00436A15	24041A5	24041A5	24041A5	24041A5
XC ID	00436A12	24041A4	24041A4	24041A4	24041A4
SC time	2017030906	2017030907	2017030907	2017030907	2017030907
XC time	2017030906	2017030907	2017030907	2017030907	2017030907
SC name	肖村	肖村	肖村	肖村	肖村
XC name	小红门	小红门	小红门	小红门	小红门
SC(LON,LAT)	(39.84,116.46)	(39.84,116.46)	(39.84,116.46)	(39.84,116.46)	(39.84,116.46)
XC(LON,LAT)	(39.83,116.47)	(39.83,116.47)	(39.83,116.47)	(39.83,116.47)	(39.83,116.47)

（3）接驳特征数据提取

公交-地铁接驳主要指乘客利用公交和地铁两种公共交通方式完成整个行程的乘车过程。公交-地铁接驳的乘车过程中有多种乘车情形，主要的三种如图 2-3 所示。本节研究重点在于分析地铁站点站域空间，无须对每个乘客的行程链做详细分析，只需分析公交-地铁或地铁-公交两种接驳行为即可。在分析接驳行为时，首先要确认与地铁站接驳的公交站；而后要提取在接驳站上车或从接驳站下车的乘客，并从数据集中提取对应的下车站和上车站，反推得到公交接驳情境下的地铁站点站域空间范围。本书中将与地铁站接驳的公交站定义为接驳站，同时接驳站应满足位于地铁站 200m 范围内这一条件。

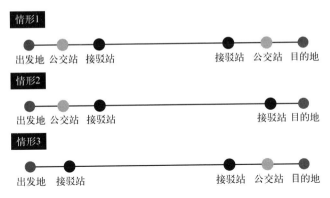

图 2-3　地铁-公交换乘接驳示意

　　此处使用 Haversine formula 方法计算两坐标点间球面距离，见式(2-21)～式(2-23)。以地铁站点坐标为中心点，利用 Haversine formula 方法筛选位于地铁站点 200m 范围内的公交站点，并将其作为接驳站。公交-地铁接驳具体包含两种接驳情境，第一种是从出发地公交站到接驳站乘坐地铁，第二种是从地铁下车在接驳站乘车到达目的地公交站。对应两种接驳情境，从地铁站点影响域分析数据集中筛选下车站为接驳站的数据，对应第一种接驳情境；筛选上车站点是接驳站的数据，对应第二种接驳情境。提取两种情境下的行程数据，将第一类情境行程数据中的上车站点作为公交接驳地铁的站点影响域内边界点；将第二类情境行程数据中的下车站点作为地铁接驳公交的站点影响域内边界点进行分析。

$$h(\theta)=\sin^2\left(\frac{\theta}{2}\right)=\frac{1-\cos\theta}{2} \tag{2-21}$$

$$h(\theta)=h\left(\frac{d}{R}\right)=h(\Delta\beta)+\cos\beta_1\cos\beta_2 h(\Delta\alpha) \tag{2-22}$$

　　式中，R 表示地球半径，此处取 6400km；d 表示两坐标点间距离，此处取 0.2km；θ 表示两点与圆心夹角弧度，为两坐标点间距离 d 与地球半径 R 间比值；α、β_i 分别表示两点经度、纬度。则有：

$$h(\theta)=h\left(\frac{d}{R}\right)=h(\Delta\beta)+\cos\beta_1\cos\beta_2 h(\Delta\alpha) \tag{2-23}$$

2.3.2　参数设置

　　北京市城市格局是由二环到六环逐渐向外发散的放射型布局，目前已形成中心密集、外围稀疏的城市布局。与此对应，地铁站点也是如此。从图 2-4 中不难看出，北京地铁有两条环线，分别为 2 号线和 10 号线，2 号线内地铁线路已基本成网；10 号线到 2 号线之间范围内地铁站点虽未全部成网，但分布也相对较密；10 号线外基本已成为线状分布，难以成网，分布也更为稀疏。通过北京地铁官方网站给出的地铁站点站间距数据可知，2 号线以内地铁站点间平均距离为 1162m，2～10 号线之间地铁站点间平均距离为 1247m，10 号线到五环以内地铁站点间平均距离为 1645m，五环以外地铁站点间平均距离为 1999m。通过地铁站点间平均距离，可以将北京市地铁站点大致分为三个区域，分别是 10 号线以内区域、10 号线到五环之间区域和五环以外区域。根据以上分析，对模型中相关参数进行取值。

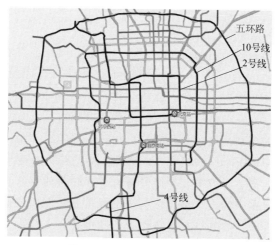

图 2-4　北京地铁接驳区域

本节选取北京地铁 4 号线作为算例进行分析。4 号线是北京市一条由南至北的贯穿线路，南起天宫院站，北至安河桥北，全长 50km，共有车站 35 座，是北京较为繁忙的线路之一。为计算不同出行距离下三类接驳方式的分担率，需要对广义出行费用模型中的相关参数进行赋值，需要赋值的参数主要包括各类接驳模式的理想接驳距离、乘客时间价值、共享单车活跃度、体能消耗系数、超出理想距离后的惩罚系数、公交平均候车时长、公交平均拥挤度等。参考现有研究成果以及《城市轨道沿线地区规划设计导则》，同时考虑了北京市地铁站点核心密集外围稀疏的布局现状，10 号线以内地铁站点 $l_{walk}=500m$，$l_{bike}=900m$，$l_{bus}=1200m$；10 号线到五环间地铁站点 $l_{walk}=700m$，$l_{bike}=1100m$，$l_{bus}=1500m$；五环以外地铁站点由于并未投放共享单车，所以不考

虑 l_{bike}, $l_{walk} = 800m$, $l_{bus} = 1800m$。乘客时间价值 α 利用 GDP 法进行计算，

$\alpha = \dfrac{GDP}{NT}$，其中 N 代表年均就业人数，T 代表个体年平均工作小时数，由此

可得到 $\alpha = 0.9$ 元/min。对于体能消耗系数 γ_k^e 而言，步行体能消耗系数最大，

$\gamma_{walk}^e = 0.9$；骑行体能消耗次之，$\gamma_{walk}^e = 0.7$；公交体能消耗最少，$\gamma_{bus}^e = 0.5$。

其余参数赋值均按照表 2-5 中要求进行。4 号线各站点初值见表 2-5。

◆ 表 2-5　4 号线各站点三类接驳方式便利度　　　　　　　　　　　　　　　　km

站名	β_{walk}	β_{bike}	β_{bus}	站名	β_{walk}	β_{bike}	β_{bus}
安河桥北	0.34	0	0.51	菜市口	0.23	0.34	0.46
北宫门	0.4	0.3	0.61	陶然亭	0.23	0.35	0.58
西苑	0.28	0.43	0.5	北京南站	0.56	0.39	0.54
圆明园	0.4	0.65	0.49	马家堡	0.29	0.39	0.8
北京大学东门	0.34	0.43	0.56	角门西	0.21	0.39	0.58
中关村	0.15	0.72	0.34	公益西桥	0.15	0.62	0.44
海淀黄庄	0.26	0.3	0.67	新宫	0.40	0.64	0.49
人民大学	0.28	0.31	0.22	西红门	0.46	0.54	0.4
魏公村	0.21	0.33	0.38	高米店北	0.34	0	0.31
国家图书馆	0.28	0.43	0.5	高米店南	0.28	0	0.46
动物园	0.24	0.32	0.48	枣园	0.34	0	0.3
西直门	0.25	0.1	0.37	清源路	0.4	0	0.35
新街口	0.28	0.12	0.35	黄村西大街	0.34	0	0.36
平安里	0.28	0.2	0.32	黄村火车站	0.34	0	0.39
西四	0.30	0.17	0.34	义和庄	0.34	0	0.57
灵境胡同	0.30	0.11	0.27	生物医药基地	0.46	0	0.61
西单	0.27	0.19	0.26	天宫院	0.34	0	0.6
宣武门	0.28	0.1	0.33				

2.3.3　计算结果

本算例接驳距离限定在 4km 以内，4km 以外的交通行为不作接驳行为考虑。根据 2.2 节中广义出行费用模型，按照步长为 1m，绘制北京地铁 4 号线不同站点三类接驳方式在 4km 范围内各类接驳模式的概率密度曲线，根据概率密度曲线的交点，求出每种接驳模式的优势接驳距离。记 4 号线每个地铁站点三种接驳方式优势接驳范围分别为 D_{walk}、D_{bike}、D_{bus}，见表 2-6，由于本

书研究时段内，五环外禁止使用共享单车等公共单车接驳方式，故未计算五环外共享单车优势接驳范围。

◆ 表2-6 4号线各站点初值表

km

站名	D_{walk}	D_{bike}	D_{bus}	站名	D_{walk}	D_{bike}	D_{bus}
安河桥北	0.85	—	2.61	菜市口	0.83	1.15	1.62
北宫门	0.75	1.35	1.86	陶然亭	0.85	1.19	1.38
西苑	0.92	1.38	2.15	北京南站	0.35	1.12	1.28
圆明园	0.82	1.95	1.49	马家堡	0.68	1.09	1.58
北京大学东门	0.43	1.68	1.74	角门西	1.19	1.42	1.85
中关村	0.82	1.28	1.65	公益西桥	0.75	1.82	2.04
海淀黄庄	1.06	1.31	1.62	新宫	0.83	1.98	2.14
人民大学	0.68	0.99	1.57	西红门	0.71	1.09	1.49
魏公村	0.82	1.13	1.68	高米店北	0.91	—	1.91
国家图书馆	0.43	0.71	1.52	高米店南	1.03	—	1.78
动物园	0.45	0.83	2.48	枣园	0.83	—	1.83
西直门	0.62	1.42	1.82	清源路	0.89	—	1.98
新街口	0.59	1.38	1.42	黄村西大街	1.05	—	2.38
平安里	0.61	1.11	1.31	黄村火车站	1.15	—	1.38
西四	0.58	1.12	1.26	义和庄	1.12	—	2.57
灵境胡同	0.6	1.11	1.36	生物医药基地	0.93	—	2.16
西单	0.65	1.18	1.25	天宫院	1.07	—	3.27
宣武门	0.61	1.42	1.62				

2.3.4 结果分析

现有研究中，经常将站点划分为不同类别，对于地铁站点优势接驳范围而言，不同站点的区位、类别不同，往往会呈现出不同的规律。本节为了分析不同地铁站点之间影响域间的规律，选取北京地铁4号线中具有典型特点的站点进行研究，以得到不同区位、不同类别站点之间接驳范围之间的规律。根据地铁站点影响域用地强度分析，4号线站点中，具有典型特点的站点归结起来共有五类，分别是商务类、商业类、旅游类、居住类和枢纽类站点，对于现有研究中提到的其他类型站点，4号线中并无与之对应的十分契合的站点，故在此处不做考虑。按照4号线站点的不同类型，从4号线35个站点中选出具有典型特点的站点进行分析，所选择站点、位置及各类接驳方式优势接驳范围见表 2-7。

◆ 表 2-7 4 号线各类型站点信息　　　　　　　　　　　　　　　　　　　　km

站点类型	站点名称	站点区位	步行	骑行	公交
商务类站点	宣武门	10 号线以内	0.61	1.42	1.62
	中关村	10 号线和五环之间	0.82	1.28	1.65
	生物医药基地	五环外	0.93	—	2.16
商业类站点	西单	10 号线以内	0.65	1.18	1.25
	西红门	10 号线和五环之间	0.71	1.09	1.49
	高米店南	五环外	1.03		1.78
旅游类站点	新街口	10 号线以内	0.59	1.30	1.42
	北宫门	10 号线和五环之间	0.75	1.35	1.86
	清源路	五环外	0.89		1.98
居住类站点	陶然亭	10 号线以内	0.85	1.19	1.38
	西苑	10 号线和五环之间	0.92	1.38	2.15
	黄村西大街	五环外	1.05	—	2.38
枢纽类站点	西直门	10 号线以内	0.62	1.42	1.82
	北京南站	10 号线和五环之间	0.35	1.12	1.28
	黄村火车站	五环外	1.15	—	1.38

（1）区位对不同类别站点影响域范围影响分析

1）**商务类站点**

选取 4 号线中典型的商务类站点宣武门、中关村、生物医药基地进行分析，结果如图 2-5 所示。对于步行接驳模式而言，距离城市中心越远的地铁站点，步行接驳合理范围越大。对于公交接驳模式而言，五环外商务类站点的公交优势接驳范围远大于五环以内的站点，10 号线到五环之间的商务类站点公交接驳范围与 10 线以内商务类站点差别不大。对于骑行接驳模式而言，10 号线以内商务类站点骑行优势接驳范围反而大于 10 号线到五环之间商务类站点。

2）**商业类站点**

选取 4 号线中典型的商业类站点西单、西红门、高米店南进行分析，结果如图 2-6 所示。对于步行接驳模式而言，与商务类站点类似，遵循距离市中心越远步行接驳范围越大的规律，但是五环外站点步行接驳范围与五环内站点相比差距较大，且五环内站点步行接驳范围差距不大。对于骑行接驳模式而言，结果与商务类站点基本相同。对于公交接驳模式而言，依然遵循距离中心越远，接驳范围越大的规律，且三个区位的公交接驳范围差距大致相当。

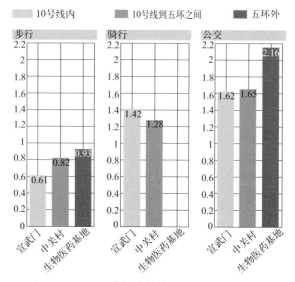

图 2-5　4 号线商务类站点不同接驳合理范围

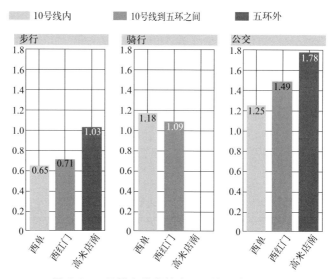

图 2-6　4 号线商业类站点不同接驳合理范围

3）旅游类站点

选取 4 号线中典型的旅游类站点新街口、北宫门、清源路进行分析，结果如图 2-7 所示。对于步行和骑行接驳模式而言，优势接驳范围规律基本与商务、商业站点类似，主要差距在于旅游类站点步行和骑行优势接驳范围略小于商务与商业类站点。对于公交接驳模式而言，优势接驳范围基本规律依然与商

数据驱动下的大型城市功能
与客流协同优化研究

务、商业属性站点类似，其差距主要体现在 10 号线与五环之间旅游站点公交优势接驳范围与五环以外站点差距不大，而以上两类区位的站点与 10 号线以内站点优势接驳范围的差距较大。

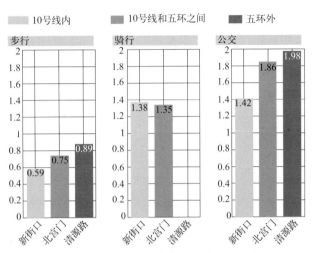

图 2-7　4 号线旅游类站点不同接驳合理范围

4）居住类站点

选取 4 号线中典型的居住类站点陶然亭、西苑、黄村西大街进行分析，结果如图 2-8 所示。对于步行与公交接驳模式而言，其基本规律与旅游类站点类

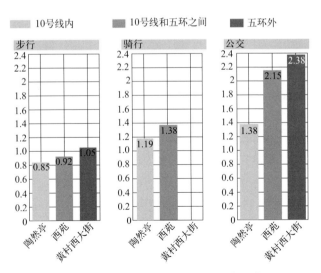

图 2-8　4 号线居住类站点不同接驳合理范围

似，但居住类站点不论哪个区位步行与公交接驳范围都比旅游类站点更大，同时也略大于商务、商业两类站点。居住类站点骑行接驳规律与以上三类站点均不相同，满足距离市中心越远范围越大的规律，且居住类站点骑行接驳范围相较于以上三类站点相对较小。

5）枢纽类站点

选取 4 号线中典型的枢纽类站点西直门、北京南站、黄村火车站进行分析，结果如图 2-9 所示。以上三个站点虽然都是枢纽类站点，但三个站点仍存在较大差异。西直门属于大型综合交通枢纽，集小型高铁站、地铁站、公交枢纽于一体；北京南站属于北京市大型铁路枢纽与公交枢纽相结合的综合枢纽，但北京南站的铁路枢纽属性极强；黄村火车站仅仅是普通的小型火车站，其交通运输能力相较以上两类站点更弱。根据此背景再去观察三个站点的接驳范围，不难解释北京南站步行接驳范围仅有 350m，而其他两个站点的步行接驳距离与其他类别站点规律基本相同。同样的，对于骑行以及公交接驳模式而言，西直门站点骑行接驳模式也远大于北京南站和黄村火车站，体现出与其他几类站点的规律较大的差异。

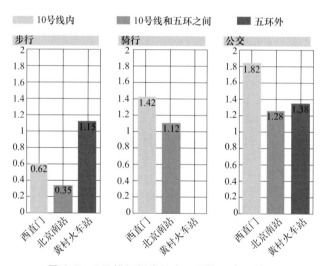

图 2-9　4 号线枢纽类站点不同接驳合理范围

（2）站点类别对不同区位站点影响域分析

1）10 号线以内站点

10 号线以内的五个不同类别站点分别是宣武门、西单、新街口、陶然亭、西直门，对 10 号线以内的五类站点比较结果如图 2-10 所示。就步行接驳方式而言，居住类站点步行优势接驳范围最大，其他四类站点步行优势接驳范围基本相同。就骑行接驳方式而言，商务类、旅游类以及枢纽类站点接驳距离基本相同，商业类、居住类站点骑行优势接驳范围相对较小。就公交接驳方式而言，10号线以内枢纽类站点公交优势接驳范围最大，商务类站点次之，且除枢纽类站点外，10号线以内站点公交接驳与骑行接驳优势接驳范围大致相当。

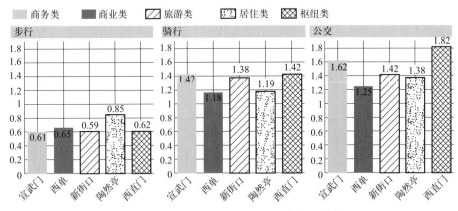

图 2-10　10 号线以内站点影响域范围对比

2）10 号线到五环之间站点

10 号线到五环之间的站点包括中关村、西红门、北宫门、西苑、北京南站，10 号线到五环之间的五类站点比较结果如图 2-11 所示。就步行接驳方式而言，居住类站点步行接驳范围最大，商务类次之，且居住类、商务类、商业类、旅游类站点之间差别不大；枢纽类站点步行优势接驳范围最小，主要原因

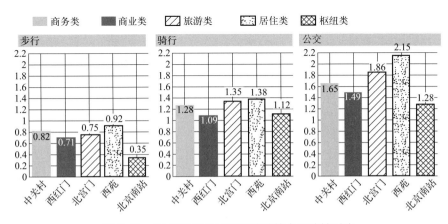

图 2-11　10 号线和五环之间地铁站点影响域对比

在于 10 号线到五环之间枢纽类站点为大型火车站，具有其特殊性。就骑行接驳方式而言，商务、旅游、居住类站点优势接驳范围基本相同；商业、枢纽类站点骑行优势接驳范围基本相同，且相对较小。对于公交接驳方式而言，居住类站点公交优势接驳范围最大，由于北京南站的特殊性，其公交接驳范围在几类站点中同样较小。

　　3）五环外站点

　　五环外站点包括生物医药基地、高米店南、清源路、黄村西大街、黄村火车站，五环外站点比较结果如图 2-12 所示。就步行接驳方式而言，五环外站点步行接驳合理范围差别并不大。就公交接驳方式而言，居住类站点优势接驳范围明显大于其他类型站点，而枢纽类站点则明显小于其他站点。

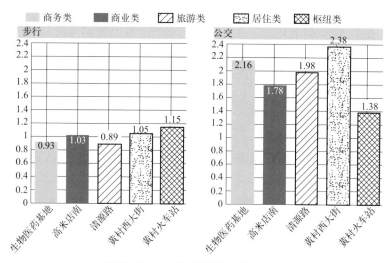

图 2-12　五环以外地铁站点影响域

（3）结论分析

　　通过对 4 号线不同类别不同区位站点不同接驳方式优势接驳范围进行对比分析后，不难发现以下规律：

　　① 对于大部分站点的步行、公交接驳方式而言，站点距离市中心越远，站点的步行、公交优势接驳范围越大。但骑行接驳方式则相反，除居住类站点外，其他四类站点骑行优势接驳范围随着站点距离市中心距离的增加而缩小。

　　② 对于 10 号线以内站点而言，骑行接驳方式与公交接驳方式具有较强的可替代性。10 号线以内区域共享单车服务相对完善，基本可以满足乘客需求，从接驳范围上来看与区域内公交优势接驳范围大致相同。但在 10 号线与五环

之间的站点共享单车服务能力随着服务范围的扩大而减弱，乘客获取共享单车的难度增大，所以会出现 10 号线到五环内区域骑行优势接驳范围反而小于 10 号线以内区域。

③ 枢纽类站点受主导交通方式的影响较大，对于铁路功能主导的枢纽站点，各类接驳方式的优势接驳范围往往非常小，其原因主要在于铁路功能主导枢纽吸引的乘客不论以何种方式到达车站，主要目的并非接驳地铁，而是到枢纽内乘坐火车，这也使得枢纽内地铁站点对周边乘客的吸引能力降低，在站点影响域上主要体现为影响域范围相对较小。但对于综合类交通枢纽而言，由于其周边交通功能非常发达，所以综合交通枢纽的骑行、步行接驳范围往往大于同区位内其他类别站点。

④ 从居住类站点优势接驳范围来看，大部分居住类站点影响域大于本区位其他类型站点。且随着站点与市中心距离的增加，地铁站点影响域的范围也不断扩张，这也意味着距离市中心越远的区域，往往居住区的范围更大，受地铁站点影响的强度也更高。

⑤ 商业类站点影响域往往会低于其他类别站点，这也说明商业类地铁站点服务的商业体大都分布在距离地铁站点相对较近的区域，且商业类地铁站点周边用地的开发相对紧凑。

小结

本章主要对地铁站点影响域划分展开深入研究。在共享单车、公交刷卡以及公交静态数据等数据集的基础上，将步行、骑行、公交三种接驳方式作为地铁站点的主要接驳模式，构建了地铁接驳广义出行费用模型，利用随机效用理论，计算每类接驳模式在不同接驳距离下的概率密度，通过比较不同接驳模式在不同距离下的概率密度，求出每个地铁站点三类接驳模式的优势接驳范围，并依据优势接驳范围确定地铁站点影响域范围。构建基于聚集效应理论的改进的 Huff 模型，利用改进的 Huff 模型计算了地铁站点对三个圈层影响域内不同距离用地单元的影响强度。最终完成了在影响范围、影响强度两个层面考量下的地铁站点影响域划分。以北京地铁 4 号线为对象进行案例研究，计算了 4 号线 35 个地铁站点三类接驳模式的优势接驳范围，同时筛选出 4 号线中有典型特点的站点，从站点特性、站点区位两个维度入手，分析了不同站点优势接驳范围的规律。

地铁站点影响域用地精细化评价方法

第3章

城市用地研究是城市计算的一个分支。城市用地研究主要包含两个研究目标，一是用地属性分析，二是用地强度衡量。既有城市用地研究主要分为两类。早期第一类研究多将政府公布的城市用地属性或卫星遥感数据作为研究对象，依托图像处理等技术完成用地属性分析，再将不同属性用地面积作为用地强度衡量指标。随着各类城市数据的积累，以 POI（points of interest）数据为基础的第二类城市用地强度评价也逐渐增多。城市 POI 数据主要指城市静态数据，是基于位置服务的核心数据，原始的 POI 数据集能够提供每个用地单元的名称及地理位置等城市用地单元基本信息，是城市用地研究中重要的数据集之一，已被广泛应用于城市用地评价中。POI 数据集中包含的信息主要有用地单元名称、位置、用地属性大中小类别，依托此数据集可以相对便利地完成用地属性研究，但在衡量用地强度时，既有研究多以不同属性类别 POI 点数量作为衡量标准。上述研究已经为地铁站点站域空间评价研究奠定了坚实的理论及应用基础，但仍有不足，主要体现在以下几个方面：

① 目前，政府公布城市用地分布数据多为粗粒度统计数据，难以满足大数据时代精细化评价的要求；高清遥感数据虽然能分辨出用地属性及所占面积，但占地面积相同的同属性用地单元对用地评价的影响程度也有较大差别，仅凭高清遥感数据同样难以实现站域空间用地属性的精细化评价。

② 能够用于城市用地空间评价的数据集日益增加，但多数研究对于用地单元属性评价仍无法整合多个数据集，全面描述用地单元属性。

③ 原始 POI 数据集分类混乱。原始 POI 数据集将 POI 点分为餐饮、风景名胜、公共设施、公司企业、购物、交通设施服务、金融保险服务、科教文化服务、商务住宅、生活服务、体育休闲服务、医疗保健服务、政府机构及社会团体、住房服务等用地性质类别，每类又细分为若干类，且不同类别之间数据混杂现象严重，难以通过此数据完成量化分析，需对其进行预处理后重新分类。

数据驱动下的大型城市功能
与客流协同优化研究

④ 原始 POI 数据无法描述每个用地单元用地强度。既有研究在利用 POI 数据时，多以区域内 POI 数据数量、密度等指标衡量区域内某类用地强度，但现实情况中，每个 POI 用地单元规模、级别相差甚远，单靠数量和密度来完成用地强度评价失真情况极为严重。

为解决以上问题，本书改变了传统用地评价研究中从用地面积、遥感图像、POI 数量点入手的评价方法，将用地强度评价对象聚焦在地铁站点影响域内不同属性不同类别的用地单元，构建针对用地单元的地铁站点影响域内用地单元评价模型，通过对每个用地单元进行精细全面的评价，实现对整个站点影响域内用地的评价。

3.1 站点影响域内用地评价研究现状

地铁以其运量大、准时性强等特点，已成为全球各大城市公共交通出行的主要方式。但与公交相比，地铁造价高昂，修建难度高，建成后调整灵活性差，都是其不可忽略的劣势。地铁已被证实在城市资源空间分布、引导和再配置方面有着重要作用，地铁站点作为人流和城市资源汇聚的节点，不同类型、规模、业态的城市基础设施均围绕地铁站点展开，形成了多样化的轨道交通站域空间。地铁站点影响域空间评价研究对城市空间布局规划、城市资源要素配置以及城市交通系统优化等问题有非常重要的意义。

3.1.1 传统地铁站点影响域用地强度评价方法

站点影响域用地强度评价主要是将轨道交通站点影响区域内土地开发性质、规模、强度，站点区域功能，站点交通功能等作为影响因素，从以上影响因素入手设计指标体系，根据指标体系及其权重参数对地铁站点影响域空间进行评价。早期地铁站点影响域用地评价研究目标多基于政府公布的城市用地数据展开，如车站标高形式、客流量、车站所处区域用地情况等。日本东京及大阪等城市首先根据城市轨道交通站点所处区位，将站点划分为市区站点和郊区站点两大一级分类，在一级分类下根据站点衔接方式、换乘比例等划分为多个二级子分类子指标，见表 3-1。

美国旧金山及洛杉矶等城市则根据地铁站点区位、可达性以及周边用地等特性参数将地铁站点分为市中心型、高密度住宅发展型、走廊发展型、独立发展型、地区性中心型、低密度走廊型以及纯住宅地区型等几类。

国内专家学者将轨道交通站点周围一定区域内土地开发性质、规模、强度等现状作为影响因素，将轨道交通站点划分为公共中心区站点、居住区站点、交通枢纽站点、工业园站点、混合区站点、文教区站点和景区站点，或居住型、公共型、商服型、交通型、产业型以及混合型等类别。

◆ 表 3-1　日本城市轨道交通站点分类

车站区位	车站特性	换乘特性
都市圈中心站	城市中心型	轨道换乘居多； 步行及自行车比例高
	通勤型	与中心区的公交车或出租车换乘比例较高
	中间型	步行及自行车比例较高
都市圈郊外站	地区枢纽型	步行及自行车比例高； 轨道服务空白区公交车、出租车利用较多； 郊区住宅区接送用车较多
	中间型	步行及自行车比例较高
	郊外终端型	步行及自行车利用较多； 轨道服务空白区公交车、出租车利用较多； 郊区住宅区接送用车较多

3.1.2　大数据背景下的地铁站点影响域用地强度评价方法

随着大数据的发展，基于公交刷卡数据、区域 POI 数据等海量异构数据的地铁站点影响域空间评价研究近年来逐渐成为该领域新的研究热点。城市 POI 数据作为导航背景数据，对应着现实世界中的地理实物，主要包括商场、车站、居民楼等。POI 数据相较传统城市用地数据而言，弥补了传统数据颗粒度较粗的缺陷，增强了对城市空间的描述能力以及数据的精细化程度。基于 POI 数据的研究多以站点影响域内不同类型 POI 的频数及密度作为评价站点影响域用地属性的依据。

对地铁站点影响域内用地评价的重点和难点，在于对每一类属性用地的精细化评价，以及某区域不同属性用地所占权重。早期研究多将政府公布的城市用地分布或卫星遥感拍摄影像图作为衡量城市不同属性用地依据，利用手机信令数据、轨道交通客流数据、城市用地分布等数据集，对地铁站点影响范围内用地情况进行分析，同时还可以对不同用地类别，以及用地与地铁客流的关系进行研究。地块面积图等地理信息数据也经常被应用于地铁站点影响域内用地的研究，在轨道站点地形图的基础上，利用 ArcGIS 获取站点影响域内地块建筑面积，并以面积为评价指标计算地块容积率，进而完成站点周边地块容积率对地铁客流的影响。在高分辨率遥感影像的基础上，根据影像的光谱信息和纹理、形状空间等特征，结合非遥感信息资料及 POI 数据，通过人工标注完成 2000—2015 年间用地情况变化研究，也可以实现轨道交通对土地利用变化的时空效应研究。

POI 数据的出现，为城市用地精细评价提供了数据基础和新的分析手段，POI 数据通常包含用地单元名称、所属类别、经纬度等字段，能够完成各用地单元的空间分布定位及属性类别划分，在城市研究中具有十分重要的作用。利用 POI 数据进行城市用地属性分析同样面临着如何为 POI 数据赋值的问题，大部分现有研究多以区域内 POI 点数量为评价指标对区域内用地属性进行评价。为了利用 POI 数据精细化分析城市用地情况，赵卫锋等提出了基于公众认知度、城市中心度、特征属性价值三个载体的 POI 权重测量模型。对于公众认知度，选取了火车站、商场等一系列公众认知度较高的 POI 点作为研究对象；对于城市中心度，对城市中心 POI 点赋予更高权重，对于外围 POI 点赋予较低权重；对于特征属性价值，则将每个 POI 点视觉符号及在环境中的突出程度作为其赋权要素。在对不同属性 POI 点进行赋权时，大部分研究采用核密度方法进行 POI 点赋权。核密度法理论基础来源于地理学第一定律，即距离越近的事物关联越紧密，与核心要素越靠近的位置获取密度扩张值越大，体现了空间位置的差异性以及中心强度随距离衰减的特性，适合于城市设施服务影响、交通路段风险评估等连续性地理现象的密度估计，其计算公式如下：

$$f(s) = \sum_{i=1}^{n} \frac{1}{h^2} k\left(\frac{s-c^i}{h}\right) \tag{3-1}$$

式中，k 代表空间权重函数；h 代表距离衰减阈值；s 代表城市设施服务影响；c^i 代表交通路段风险评估值。

王俊珏等参考赵卫锋等 POI 权重测量模型，利用核密度分析法分析了城市各功能区用地情况。黄怡敏等首先运用核密度估计方法计算各属性 POI 点权重，再用克里格插值将网络核密度估值计算结果可视化，最终根据分等级城市路网划分各类型功能区边界。韩宇瑶等采用 GIS 核密度法计算 2014 年商业兴趣点（C-POI）密度以分析商业集聚的空间结构，通过双变量相关分析法，分析道路结构变量与商业集聚程度的关联关系。单欣等基于 2018 年昆明市中心城区 36891 条餐饮 POI 数据，利用核密度分析、局域 Getis-OrdGi 指数法和地理加权回归模型，研究昆明餐饮业的空间分布格局、餐饮活动热点区域及其空间分布影响因素。廖嘉妍等以 2018 年高德地图文化设施兴趣点为研究对象，分析北京各行政区空间分布的数量差异，利用核密度估计方法分析北京文化设施的总体空间分布形态，最后结合热点分析 Getis-OrdGi 统计指数法进一步探究北京中心城区文化设施及各类型文化设施的空间分布格局。谷岩岩等采用重尾打断分类法和核密度聚类法对 POI 数据进行分析并识别用地区。除使用核密度法进行赋权外，赵家瑶等结合道路路网数据，利用 TF-IDF 算法统计了北京市五环以内城市用地功能区内各属性 POI 点数量，比较了交通枢纽所在空间单元用地差异；毛帅永等应用局部等值线树算法识别了武汉市多中心空间结构。郑红玉等的研究从社区、街道、市域三个层面入手，研究了用地混合度的评价方法，从混合度、空间集聚和主导功能用地构成三个视角，研究了上海市域用地混合情况，并对不同的社区、街道主导用地进行分类。

3.2 地铁站点影响域内城市用地评价方法

3.2.1 多源城市原始大数据集

为实现对每个用地单元的评价，首先要明确站点影响域内的用地单元以及其所属类别，其次要为每个用地单元设计合理的评价指标，最后实现对每个用地单元科学合理的评价。依托某一个单一数据集无法实现对每个用地单元客观、全面的评价，为了实现对每个用地单元强度的精细化评价，本书将高德地图 POI 数据、北京地铁官方站数据、天眼查数据集、大众点评数据集，以及北京市政务数据资源网中房屋住宅数据、政府机构与社会团体数据、医疗健康数据、文体娱乐数据、餐饮美食数据、消费购物数据、科教科研数据等一系列数据集，作为地铁站点影响域全域数据谱系的数据来源。以 POI 数据集为底层数据，通过 POI 数据集与其他数据集的联动融合，实现站点影响域用地全域数据谱系的构建。原始数据集数据结构及基础字段见表 3-2。

◆ 表 3-2 地铁站点影响域评价多元数据集部分原始字段

居住属性	数据来源	数据示例			
		小区名称	小区户数	小区均价/元	小区类别
北京市小区数据	网络收集	首创天禧	651	196242	普通住宅
		丰侨公寓	884	190388	公寓
		北京瑞海大厦	450	181536	商住
		润泽御府	287	122751	别墅

交通属性	数据来源	数据示例			
		地铁站点名称	地铁进出站口数	接驳公交线路数	接驳地铁线路数	接驳市外种类
公交刷卡数据	网络收集	八里桥	4	10	0	0
		百子湾	4	23	0	0

交通属性	数据来源	数据示例				
		地铁站点名称	地铁进出站口数	接驳公交线路数	接驳地铁线路数	接驳市外种类
共享单车数据	课题支撑	北安河	4	32	0	0
		北工大西门	3	34	0	0

商务属性	数据来源	数据示例			
		公司名称	参保人数/人	注册资本/万元	行业平均人数/万人
各类注册公司数据	天眼查数据集	中粮期货有限公司	360	84620	0.0063
		联通信息导航有限公司	127	682509	0.0018
		国电置业有限公司	58	20000	0.0027

商业属性	数据来源	数据示例			
		单位名称	人均消费/元	评价分数	商场日均客流量/(万人)
餐饮娱乐数据	大众点评数据集	御道刺身	595	9.3	—
		四川会馆	199	7.9	—
商业中心数据	网络收集	朝阳大悦城	347	9.6	4.4
		西红门荟聚	401	9.7	3.8

行政属性	数据来源	数据示例	
		单位名称	单位级别
行政单位数据集	网络收集	外交部	省部级
		北京市农业农村局	司局级
		灯市口社区居委会	

休旅属性	数据来源	数据示例	
		单位名称	日最大承载客流量/(万人)
休旅属性客流承载量	北京市公共数据开放平台网络收集	地坛公园	77
		北京奥林匹克公园	50
		颐和园	18
		五棵松体育馆	2

科教属性	数据来源	数据示例	
		学校名称	学校类别
北京市教育机构	北京市公共数据开放平台	八里庄小学	小学
		北京市第一七九中学	中学
		北京理工大学	高等院校
		北京慈航培训中心	培训机构

医疗属性	数据来源	数据示例	
		学校名称	医院等级
北京市 医疗机构	北京市 公共数据 开放平台	民航总医院	三级
		中日友好医院	三级
		北京市中关村医院	三级
		北京丰台怡康医院	未评

3.2.2　地铁站点影响域内城市用地评价指标体系

　　根据前面分析，POI数据具有用地单元全、覆盖面广的优点；但同时也有着分类混乱、用地类别不明的缺点。因其大而全的优点，本书利用POI数据集作为基准数据集，将其他数据集与POI数据集融合，构建地铁站点影响域用地评价数据集，再将不同数据集中用于描述每个用地单元的字段相融合，构建统一的站点影响域评价数据集。不同途径获得的数据集之间统计口径不同，数据质量也有较大差别。POI原始数据集用地单元名称、地址、经纬度最全，但较为粗糙，数据质量最差，内部包含大量无用数据及重复数据。北京地铁官方网站、CSDN网站、北京市政务数据资源网、天眼查数据集、北京市统计年鉴获取数据以及互联网整理数据均为处理后数据，数据质量较高。此处将POI数据集作为基础数据，将其他数据集与其进行匹配融合，步骤如下：

　　Step 1：利用Haversine formula方法对所有数据集进行筛选，筛选出地铁站点影响域范围内用地单元数据。

　　Step 2：针对筛选后POI数据集进行去重，去除用地名称不同、地理位置或经纬度相同的数据。

　　Step 3：将筛选并完成预处理的多个数据集根据用地名称、地理位置、经纬度三个字段进行匹配，三个字段有一个可以匹配成功即认为其为同一用地单元。

　　Step 4：利用分类多重插补法进行补齐。最终将处理后数据合并为站点影响域评价数据集。数据融合流程如图3-1所示。

　　在地铁站点影响域多元评价数据集的基础上，针对其分类混乱的缺点，本书参考中华人民共和国住房和城乡建设部于2012年实施的GB 50137—2011《城市用地分类与规划建设用地标准》（后简称用地标准），对POI数据集中用地单元数据进行再分类。

　　用地标准中，将城市用地分为8大类、35中类、43小类，其中8大类用

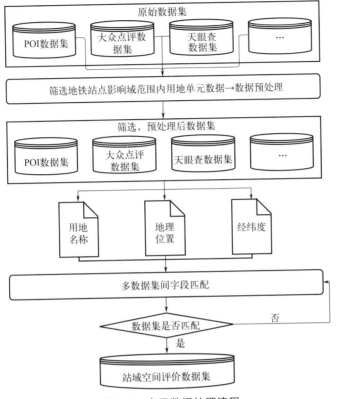

图 3-1　多元数据处理流程

地分别为：

① 居住用地：住宅和相应服务设施用地；

② 公共管理与公共服务用地：行政、文化、教育、体育、卫生等机构和设施的用地，主要包含行政办公用地、文化设施用地、教育科研用地、体育用地、医疗卫生用地、文物古迹用地、外事用地、宗教设施用地 9 个中类；

③ 商业服务业设施用地：商业、服务、娱乐、康体设施等用地，主要包含商业设施用地、商务设施用地（金融、艺术等企业）等；

④ 工业用地：工矿企业的生产车间、库房及其附属设施用地；

⑤ 物流仓储用地：物流储备、中转、配送等用地，包括附属道路、停车场以及货运公司车队的站场等用地；

⑥ 道路与交通设施用地：城市道路、交通设施等用地，不包括居住用地、工业用地等内部的道路、停车场等用地；

⑦ 公共设施用地：供应、环境、安全等设施用地；

⑧ 绿地与广场用地：公园绿地、防护绿地、广场等公共开放空间用地。

本书参考用地标准分类，紧贴地铁与站域空间用地这一研究主题，从以上8大类用地中，筛选与地铁客流、地铁网络有显著影响的用地类型，对站域空间用地进行再分类，结合用地对地铁客流、地铁网络效率影响的考量，从用地类型、用地强度两个方面入手，将地铁站点站域空间影响范围内影响地铁网络的用地分为居住属性、交通属性、商务属性、商业属性、行政属性、休旅属性、科教属性、医疗属性8大类，具体属性描述见表3-3。

◆ 表3-3 地铁站点影响域内用地分类

属性	类别	用地单元名称	用地单元解释	评价指标
A1 居住 属性	A11	住宅小区	各类住宅小区	小区内房屋套数a_{11} 小区内房屋均价a_{12} 房屋空置率a_{13}
A2 交通 属性	A21	公交线路	地铁站点影响域范围内公交站点经过线路	接驳公交线路数a_{21} 接驳地铁线路数a_{22} 接驳市外交通数a_{23} 地铁进出站口数a_{24}
	A23	地铁线路	经过地铁站点地铁线路条数	
	A24	火车站	地铁站点附近火车站	
	A25	长途汽车站	地铁站点附近长途汽车站	
A3 商务 属性	A31	金融保险业用地	银行及分理处、信用社、信托投资公司、证券期货交易所、保险公司，以及各类公司总部及综合性商务办公楼宇等用地	参保人数a_{31} 注册资金a_{32} 所属行业平均 在岗人数a_{33}
	A32	艺术传媒产业用地	音乐、美术、影视、广告、网络媒体等的制作及管理设施用地	
	A33	其他商务设施用地	邮政、电信、工程咨询、技术服务、会计和法律服务以及其他中介服务等的办公用地	
A4 商业 属性	A41	零售	商场、超市等用地	人均消费a_{41} 评价分数a_{42} 商场日均客流量a_{43}
	A42	批发	批发、农贸、五金等批发性质用地	
	A43	餐饮	饭店、酒吧、KTV等用地	
	A44	旅馆	宾馆、旅馆等用地	
A5 行政 属性	A51	行政办公	党政机关、社会团体、事业单位等用地	单位级别a_{51}
	A52	外事机构	驻华使、领馆，国际机构等用地	
A6 休旅 属性	A61	影剧院	剧院、音乐厅、电影院等休闲用地	日最大承载客流量a_{61}
	A62	宗教设施	宗教活动场所用地	
	A63	体育场馆	体育场馆、游泳场馆、球馆等用地	
	A64	文物古迹	历史建筑、旅游景点	

属性	类别	用地单元名称	用地单元解释	评价指标
A7 科教属性	A71	高等院校	大学、大专、党校等高等院校	学校类别a_{71}
	A72	专业院校	中专、技校、职校等中等专业院校	
	A73	中小学	中学、小学	
	A74	科研机构	科研事业单位用地	
A8 医疗属性	A81	医院	综合医院、专科医院等	医院等级a_{81} 医院等次a_{82}
	A82	卫生防疫	卫生防疫站、检验中心等	
	A83	特殊医疗	传染病、精神病等专科医院用地	
	A84	其他医疗用地	急救中心、血库等	

3.2.3 站点影响域内城市用地评价计算方法

地铁站点影响域用地强度计算场景中存在连续、离散两类指标。对于连续变量指标，采用 CRITIC 赋权法进行赋权；对于离散变量，参考郭亚军等的研究，采用序关系分析法对其进行赋权。

（1）连续型指标赋权

8 类用地属性中，A1 居住属性、A2 交通属性、A3 商务属性、A4 商业属性用地单元评价指标体系中含有多个连续型指标，且每个用地单元都有对应数值进行描述，为明确每个指标在评价对应用地单元时的权值，使用 CRITIC 法对以上 8 类用地属性涉及评价指标进行赋权。

CRITIC 是一种对熵权法的改进方法，其核心思想与熵权法类似，都是通过量化指标中所含的信息量计算指标权重。假设对于某一用地属性 Ai 的用地单元进行评价时，共包含 m 个指标，n 个用地单元，由此可以构建评价矩阵 $\boldsymbol{A}=(a_{ij})_{n\times m}$。由于不同指标量纲存在差异，所以首先对指标进行标准化处理得到标准化后评价矩阵 $\boldsymbol{A}'=(a'_{ij})_{n\times m}$。

各类指标中，负向指标标准化处理方法见式（3-2），正向指标标准化处理方法见式（3-3）。

$$a'_{ij}=\frac{\max a_j-a_{ij}}{\max a_j-\min a_j} \tag{3-2}$$

$$a'_{ij}=\frac{a_{ij}-\max a_j}{\max a_j-\min a_j} \tag{3-3}$$

CRITIC 利用标准差与相关系数衡量指标的对比强度及冲突性，对标准化后的标准差以及相关系数进行计算如下：

$$\sigma_j = \sqrt{\frac{1}{n}\sum_{i=1}^{n}(a'_{ij} - \overline{a}'_j)} , j = 1, 2, \cdots, m \tag{3-4}$$

$$r_{ij} = \frac{\mathrm{Cov}(X'_i, X'_j)}{\sigma_i \sigma_j} , i, j = 1, 2, \cdots, m \tag{3-5}$$

式中，$\overline{a}'_j$ 代表指标 j 的平均值；$\mathrm{Cov}(X'_i, X'_j)$ 代表标准化矩阵 $\boldsymbol{X}'$ 第 i 列和第 j 列的协方差；σ_j 代表指标 j 的标准差；r_{ij} 代表指标 i 和 j 的相关系数。

记 c_j 代表指标 j 包含的信息量：

$$c_j = \sigma_j \sum_{i=1}^{m}(1 - r_{ij}) , j = 1, 2, \cdots, m \tag{3-6}$$

每个指标权重 $\boldsymbol{W} = [\omega_1, \omega_2, \cdots, \omega_m]$。

$$\omega_j = \frac{c_j}{\sum_{i=1}^{m} c_j} , j = 1, 2, \cdots, m \tag{3-7}$$

（2）离散型指标赋权

8 类用地属性中，A5 行政属性、A7 科教属性、A8 医疗属性三类属性用地的评价指标并没有准确的数值与之对应，需要对三类属性用地的评价指标进行赋权。由于地铁站点影响域内用地强度的衡量结果最后要用于地铁站点用地与客流的互动研究中，所以此处对不同属性用地评价值赋权时主要考虑该指标值对地铁站点客流的影响强度。记某类用地共有 m 个指标值，则有指标值 $\{y_1, y_2, \cdots, y_m\}$，当指标值 y_i 比 y_j 对地铁站点客流量影响效果更大时，记 $y_j > y_i$。专家根据经验值对指标按照影响效果从大到小进行排序，进而确定指标值 $\{y_1, y_2, \cdots, y_m\}$ 的序关系。确定序关系后重构顺序的指标值为 $\{y_1^*, y_2^*, \cdots, y_m^*\}$，其中 $y_1^* > y_2^* > \cdots > y_m^*$。记 h_j 为两相邻指标值 y_j^* 与 y_{j-1}^* 的重要程度之比：

$$h_j = \frac{\mu_{j-1}}{\mu_j} , j = m, m-1, \cdots, 3, 2 \tag{3-8}$$

式中，μ_j 与 μ_{j-1} 分别为指标值 y_j^* 与 y_{j-1}^* 的权重；$h_j = \{1, 1.2, 1.4, 1.6, 1.8\}$，五个值分别代表指标 y_j^* 与 y_{j-1}^* 同等重要、比较重要、明显重要、十分重要、极端重要。由此可以根据不同指标的顺序关系得出各指标值的权值：

$$\mu_m = \left(1 + \sum_{k=2}^{m}\prod_{i=k}^{m} h_j\right)^{-1} \tag{3-9}$$

$$\mu_{j-1} = h_j u_j \tag{3-10}$$

由此可得到每个评价指标中指标值对应的权值 $\mu = \{\mu_1, \mu_2, \cdots, \mu_m\}$。

(3) 用地强度计算

根据上述赋权结果，计算地铁站点影响域内每个用地单元的用地强度，将每类属性用地包含的所用用地单元强度求和即可得到站点影响域内该类属性用地强度值。记第 i 类用地属性强度为 A_i，包含 k 个用地单元，且 A_i 对应第 j 个用地单元距离地铁站点距离记作 d_{ij}，则有：

$$A_i = \sum_{j=1}^{k} P_{k,d_{ij}} \omega_j a_j, \quad i=1,2,3,4,6 \tag{3-11}$$

$$A_i = \sum_{j=1}^{k} P_{k,d_{ij}} \mu_j a_j, \quad i=5,7,8 \tag{3-12}$$

通过以上方式完成各个站点影响域评价数据集中原始数据的计算处理，计算出每个用地单元对应的指标值后，依托用地单元强度结果计算每个站点 8 类用地属性的强度值，再将每类用地属性最终结果归一化至 $[0,1]$ 的区间，进而完成站点影响域内各类用地单元属性及用地强度计算。部分结果见表 3-4。

◆ 表 3-4　地铁站点影响域用地强度结果（部分）

站名	居住	交通	商务	商业	行政	休旅	科教	医疗
安德里北街	0.11	0.23	0.09	0.11	0.68	0.45	0.43	0.21
安定门	0.09	0.32	0.14	0.21	0.31	0.78	0.21	0.21
安河桥北	0.24	0.34	0.05	0.33	0.10	0.21	0.12	0.11
安华桥	0.11	0.25	0.24	0.10	0.32	0.12	0.43	0.11
安立路	0.22	0.23	0.23	0.23	0.21	0.05	0.23	0.22
安贞门	0.26	0.21	0.72	0.11	0.45	0.94	0.23	0.48
奥林匹克公园	0.01	0.76	0.25	0.02	0.35	0.75	0.03	0.01
奥体中心	0.01	0.21	0.06	0.21	0.34	0.76	0.02	0.01
八宝山	0.59	0.12	0.12	0.43	0.43	0.68	0.54	0.53
八角游乐园	0.32	0.12	0.21	0.02	0.16	0.76	0.36	0.48
八里桥	0.05	0.09	0.10	0.03	0.10	0.11	0.10	0.11
巴沟	0.21	0.34	0.17	0.56	0.31	0.67	0.35	0.31
白堆子	0.18	0.23	0.29	0.11	0.32	0.11	0.65	0.43
白石桥南	0.19	0.63	0.68	0.12	0.32	0.11	0.28	0.05
…	…	…	…	…	…	…	…	…
朱辛庄	0.40	0.55	0.09	0.24	0.11	0.27	0.43	0.10
珠市口	0.05	0.68	0.05	0.11	0.23	0.35	0.21	0.08

3.3 站点影响域用地评价结果

城市土地形态在城市发展中呈现出复杂多样性，多样性的土地资源布局带来多样性的交通特征。北京市目前已形成相对稳定的城市用地布局，不同地铁站点主导用地属性、用地配置均不相同。地铁与城市用地正如人体"骨与肉"的关系，城市用地依托地铁网络展开，对北京市地铁主导下形成的用地情况进行研究，是调整北京市用地布局，优化北京市资源配置的先决条件。基于此，本节依托上述构建站点影响域用地全域数据谱系，对北京市地铁站点影响域内八类属性用地分布、强度、关联关系进行分析，摸清北京市站点影响域内用地现状。

3.3.1 居住属性用地分析

（1）居住属性用地空间分布分析

对每个站点居住属性用地强度进行空间分布分析。北五环到北六环之间13号线、5号线北段是北京市居住属性用地强度最高的区域，但该区域居住属性用地并未沿地铁线路展开，而是集中于几个重点站点附近，呈点状分布。10号线西南段，1号线东段、西段，4号线南段为居住属性用地较强区域，这三个区域居住属性用地沿地铁线路呈线状分布，说明地铁线路的开通对以上三个区域的居住属性用地起到了串联作用。

（2）站点影响域内居住属性用地与其他属性用地配合情况

对地铁站点影响域内居住属性用地强度排名前十的站点八类属性用地强度进行分析如图3-2所示。居住属性用地强度较强的站点其他属性用地强度普遍较低，图中仅有龙泽站点、海淀五路居、宋家庄几个站点行政属性、商务属性和交通属性用地强度较高，其余站点除居住属性外七类属性用地强度都比较低，说明居住属性强度较高的站点，用地种类相对单一，与其他属性用地配合度较差，用地混合度较低。

3.3.2 交通属性用地分析

（1）交通属性用地空间分布分析

对每个站点交通属性用地强度进行空间分布分析。交通属性强度较高的几个地铁站点除北京站、北京西站、北京北站（西直门）外，还包括西单站及东直门站。交通属性用地强度空间分布整体呈现以地铁10号线为界，内部密集

居住属性排名前十站点其他属性用地情况

■ 霍营 ■ 天通苑北 ■ 天通苑 ■ 宋家庄 ■ 回龙观
■ 回龙观东大街 ■ 龙泽 ■ 海淀五路居 ■ 草房 ■ 新宫

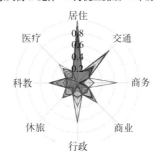

图 3-2　居住属性与其他属性用地配合情况

外部稀疏的态势。这与 10 号线内地铁站点密度较高，线网交叉重合程度较高有关。10 号线外交通属性较强站点多为公交场站、公交终点站等公交资源分布密集的区域。

（2）站点影响域内交通属性用地与其他属性用地配合情况

对地铁站点影响域内交通属性用地强度排名前十的站点八类属性用地强度进行分析如图 3-3 所示。与居住属性用地类似，交通属性用地强度较高的站点影响域内其他用地强度普遍偏低，只有西单、西直门、东直门三个交通枢纽站点休旅、商业、商务属性用地偏高，因为其属于市内综合交通枢纽，与传统交

交通属性排名前十站点其他属性用地情况

■ 北京站 ■ 北京西站 ■ 东直门 ■ 北京南站 ■ 六里桥
■ 西直门 ■ 动物园 ■ 望京西 ■ 西单 ■ 草桥

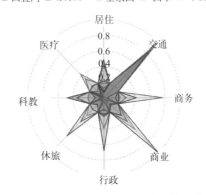

图 3-3　交通属性与其他属性用地配合情况

通属性强度较高的火车站、长途汽车站差异较大，这也说明市内交通枢纽站点上盖建筑中商业、商务属性用地强度普遍偏高，而其他属性用地强度则相对较低。

3.3.3 商务属性用地分析

（1）商务属性用地空间分布分析

对每个站点商务属性用地强度进行空间分布分析。商务属性用地主要代表地铁站点影响域内就业岗位的多少，通过商务属性用地空间分布不难看出，商务属性用地强度较强的地铁站点多集中在长安街及长安街以北的区域，长安街以南的区域商务属性用地极弱。除西二旗一个商务属性超强站点位于北五环外，其余商务属性较强站点呈团块分布，体现在地理空间上主要包含北四环团块、国贸-建国门团块以及西单-月坛团块。几个团块囊括了大部分商务属性用地，形成几个商务属性用地高峰。

（2）站点影响域内商务属性用地与其他属性用地配合情况

对地铁站点影响域内商务属性用地强度排名前十的站点八类属性用地强度进行分析如图 3-4 所示。不难发现，商务属性用地强度较高的站点中，交通属性用地强度普遍不低。一部分商务属性站点如国贸、大望路、西直门、东直门，商业属性用地强度同样较高，这也说明商务属性、商业属性、交通属性用地在布局上有一定的正向相关性。

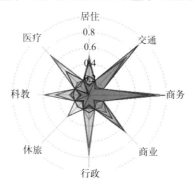

图 3-4　商务属性与其他属性用地配合情况

3.3.4 商业属性用地分析

（1）商业属性用地空间分布分析

对每个站点商业属性用地强度进行空间分布分析。商业属性用地强度最高的几个点状分布站点分别是西单、王府井、常营以及西红门，剩余强度较高区域呈团块分布，分别为 10 号线东段国贸-大望路团块、13 号线东北段望京团块、4 号线北段中关村-西苑团块。具体到商业属性用地强度较高的点状分布站点，西单、王府井以及几个强度较高的商业组团均属于建成时间较久的大型商业区，站点周围分布着数个规模较大的大型商场，形成较强的规模效应。但对于郊区两个商业用地强度较高的站点西红门及常营而言，对应商圈均由单个超级商场构成，但这一单个商场的规模不亚于上述市区内建成年代较久的商圈，且这类大型巨无霸商场已在北京渐成趋势。

（2）站点影响域内商业属性用地与其他属性用地配合情况

对地铁站点影响域内商业属性用地强度排名前十的站点八类属性用地强度进行分析如图 3-5 所示。不难看出，商业属性用地强度较高站点对应交通属性、商务属性用地强度也相对较高，与 3.3.3 小节分析结果大致相同，此处不再赘述。

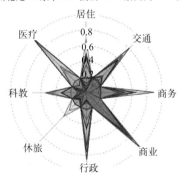

图 3-5　商业属性与其他属性用地配合情况

3.3.5 行政属性用地分析

（1）行政属性用地空间分布分析

对每个站点行政属性用地强度进行空间分布分析。行政属性用地分布极为明确，强度较高的站点均分布于长安街上，另包括东二环与东三环间使馆区以及月坛一带部委所在区域，其余区域行政属性用地强度均较低。

（2）站点影响域内行政属性用地与其他属性用地配合情况

对地铁站点影响域内行政属性用地强度排名前十的站点八类属性用地强度进行分析如图 3-6 所示。由于行政属性用地强度较高的站点多分布于长安街一带，所以其与西单、王府井商圈重叠度较高，在用地配合上表现为行政属性用地强度较高站点影响域内商业属性用地也较高。同时，行政属性用地强度较高部分站点影响域内医疗属性、休旅属性以及就业属性强度也较高，呈现出一定的正相关性。

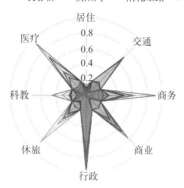

图 3-6　行政属性与其他属性用地配合情况

3.3.6　休旅属性用地分析

（1）休旅属性用地空间分布分析

对每个站点休旅属性用地强度进行空间分布分析。休旅属性用地强度较高的站点多位于 8 号线上，同时这些站点也位于故宫以北中轴线上。除此之外，还有北宫门站以及圆明园站也是两个休旅属性用地强度较高的站点，其余休旅属性用地强度较高的站点多为大型公园以及城市绿地。

（2）站点影响域内休旅属性用地与其他属性用地配合情况

对地铁站点影响域内休旅属性用地强度排名前十的站点八类属性用地强度进行分析如图 3-7 所示。不难发现，休旅属性强度较高的站点中，除一部分站点的医疗属性、行政属性、教育属性用地强度较高外，其余休旅属性用地强度较高站点其余属性用地强度中等偏低，相对较为均衡。

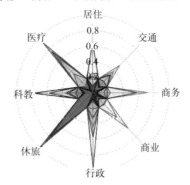

图 3-7　休旅属性与其他属性用地配合情况

3.3.7　科教属性用地分析

（1）科教属性用地空间分布分析

对每个站点科教属性用地强度进行空间分布分析，科教属性用地强度较高的站点呈现出很强的团块分布趋势，最为集中的团块为清华、北大、人大等几所学校所在区域，剩余团块主要分布于 10 号线北段站点附近。

（2）站点影响域内科教属性用地与其他属性用地配合情况

对地铁站点影响域内科教属性用地强度排名前十的站点八类属性用地强度进行分析如图 3-8 所示。不难看出，科教属性用地较强站点影响域内除行政属性用地外，其余几类属性用地强度中等偏上，总体较为均衡。

3.3.8　医疗属性用地分析

（1）医疗属性用地空间分布分析

对每个站点医疗属性用地强度进行空间分布分析，医疗属性用地强度较高的单一站点主要包括车公庄、复兴门以及崇文门，剩余几个分布较为集中的团块大部分分布于 2 号线以内区域。

（2）站点影响域内医疗属性用地与其他属性用地配合情况

对地铁站点影响域内医疗属性用地强度排名前十的站点八类属性用地强度

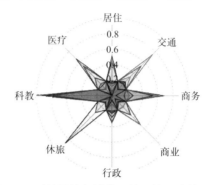

图 3-8　科教属性与其他属性用地配合情况

进行分析如图 3-9 所示。不难看出，医疗属性用地强度较高的站点，除教育属性以及居住属性外，其余属性用地强度均较高，用地相对均衡。

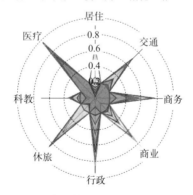

图 3-9　医疗属性与其他属性用地配合情况

3.4　北京市地铁站点影响域用地精细化评价结果及分析

通过对站点影响域内用地进行评价研究后，可以得到以下结论。

（1）北京各类属性用地呈现团块分布的特点

通过对北京市地铁站点影响域内各类属性用地进行研究后，不难发现，居住属性、科教属性、商务属性、行政属性、医疗属性五类属性用地强度较高的站点具有团块聚集的特点。

① 医疗属性、行政属性两类属性强度较高的地铁站点主要集中分布于三环以内的城市核心区，聚集程度极高。其中，医疗属性在东单、西直门、复兴门三个地铁站点聚集强度最高；行政属性则在 1 号线沿线高强度聚集，呈团块聚集状态。

② 科教属性用地强度较高的地铁站点主要为北京市各大学所在地，尤其在北四环、中关村一带聚集程度极高。商务属性用地强度较高的地铁站主要为三个团块聚集区和一个高强度用地站点，聚集区分别位于 CBD 地区、月坛金融街地区以及中关村地区，单一高强度用地站点则为西二旗站，且通过观察商业属性用地与行政属性、科教属性用地结果，可以发现，商业属性用地强度较高的站点与行政属性、科教属性用地强度较高的聚集团块多有重合，由此可以推断，北京商务属性用地的布局在一定程度上受科教属性、行政属性用地影响较为严重。

③ 居住属性用地强度较高地铁站点主要形成回龙观-天通苑、双井-九龙山、丰台科技园组团、望京组团、九棵树-临河里组团、西红门-天宫院组团几个居住属性用地组团。居住属性用地强度较高的用地组团中，有两个组团位于三环到五环之间，其余几个用地组团均位于五环外的郊区，且郊区组团规模明显大于三环到五环之间的居住用地组团，特别是西红门-天宫院组团，对地铁线路依赖较为严重，沿 4 号线自西红门站点向南，居住属性用地强度均较强。

（2）用地职住分离度较高

8 类属性用地中，商务属性、行政属性均为就业功能较为显著的用地属性，两类属性在空间分布上重合度较高，这样的布局进一步加剧了就业岗位集中化的功能布局。与之对应，居住属性用地布局与商务属性、行政属性用地从空间分布上来看，分离度较高。

（3）商业属性用地有向郊区扩散的趋势

北京传统商业地区优势正在逐渐被外围郊区商业新兴综合体取代，且郊区商业属性用地强度较高的站点与居住属性用地组团重合度较高，大都分布在用地组团站点或线路上距离较近站点。

小结

　　本章在地铁站点影响域用地范围划分的基础上，利用 POI 数据、天眼查数据等一系列数据集，构建了站点影响域用地单元评价数据集，以精细化评价为目标，将地铁站点影响域用地评价细化至每个用地单元的评价。在地铁站点影响域用地单元评价数据集的基础上，构建了站点影响域用地评价指标体系，利用 CRITIC 和序关系分析法分别对指标体系中连续类指标以及离散类指标进行赋权。依托地铁站点影响域用地评价指标体系，对站点影响域内每个用地单元进行评价，分析了北京市地铁站点影响域内八类属性用地强度情况，以及每类属性用地强度较强的站点空间分布。本章研究主要完成了地铁站点影响域用地强度的分析，为后续地铁站点影响域内用地与客流之间的互动关系研究打下基础。

基于复杂网络的公交
网络优化研究

随着城市化进程的推进，我国城市交通运输需求急剧增加。信息技术的飞速发展使得交通大数据的收集更加便捷，也为公共交通的研究提供了新的方向。数据驱动的智能化公共交通线网优化，不仅可以科学、综合地优化整个线网，也可以精细化梳理现实中公交线网各线路和站点的重要性及其关系。

智能交通作为城市交通系统重要的发展方向，极大地促进了人们出行的便捷性。海量居民出行数据的累计，为智能交通在公共交通领域的深入应用提供了研究基础。在大数据背景下，如何挖掘出行数据背后隐藏的交通现象和规律并将其融入交通研究中，是交通系统智能化发展中迫切需要解决的问题。本章在北京市海量公共交通大数据的基础上，构建公交-地铁加权复合网络，并对网络结构进行仿真模拟调节，以提高全网运行效率，是利用出行大数据在智能交通领域进行灵活应用的一个新思路。而以数据为支撑，使交通网络规划调节的结果更加符合实际需求，体现了"以人为本"的交通发展理念，这也是智能交通系统的发展方向。

4.1 公交网络优化研究现状

4.1.1 大数据驱动的智能交通网络研究

智能公交系统和城市大数据的应用与发展，帮助我们精确、全面地获取到人们出行的大量数据信息，不少研究者基于交通大数据进行诸如公共交通出行方式、公交网络优化、公交车辆发车规划及运行评估等智能交通网络领域的研究。付诗航等基于交通大数据识别乘客换乘行为及其时空分布特征并归纳换乘模式，利用武汉市完整一周的公共交通智能卡数据，识别公共交通换乘行为，研究乘客换乘时空特征，分析轨道交通发展现状，总结换乘出行模式；姚树申等为解决通勤乘客的细分问题，基于全样本出行数据，对乘客出行时间间隔的分布特征进行挖掘和分析，并提出了一种基于曲线拟合参数及出行间隔谱函数的通勤乘客聚类方法；杨艳妮等以北京市出行大数据为依托，结合分层多项Logit模型，深入分析了公共交通出行者对地铁票价和运行速度的敏感性；易嘉伟等利用实时动态的交通路况信息和手机定位请求数据，结合时间序列异常探测方法，监测和分析暴雨给城市交通及人群的时空响应特征，并证实了大数据方法对于检测暴雨事件所带来的影响的有效性；陈君等从不同出行维度与粒度出发，通过分析和挖掘 APTS 大数据，构建包含乘客、时间、空间和行为的公交出行多维分析框架，并基于五种联机分析处理方法，系统地分析了公交出行内容；冯慧芳等为识别城市交通网络关键节点，以出租车 GPS 数据与城市道路网络的拓扑结构为依托，建立基于有向加权复杂网络的识别模型；Niu等基于时间窗与客流 OD（交通出行量），构建了以乘客最小化出行等待时间为目标的非线性列车停站方案的整数优化模型并进行求解；Li 等利用公交实时数据，在传统粗糙集理论的基础上，建立了新的编码方法，为车辆状态评估和故障预警提供支撑；Herbon 和 Hadas 从乘客角度和企业角度考虑，基于广义报童问题，构建了公共交通发车容量和车频率的同步优化解析模型；蒋阳升等在提出广义可达性的概念基础上，建立了考虑站点客流强度并引入可达强度指标的公交线网优化模型；彭理群等从城市大客流通勤者跨区域出行的需求出发，提出跨区域定制公交的搭乘方案，并通过改进的 Q-learning 模型对公交线路进行优化；赵韶雅等利用北京市公交刷卡数据，识别出不同时间段客流双向邻接矩阵，并通过复杂网络指标对比探讨其客流网络的日内变化特征；Jia 等基于地铁系统的出行数据和运行时间表数据，利用多层模型来分析地铁复杂网络的交通流模式。这些研究极大丰富了传统公交优化的思路与方法。

4.1.2　复杂网络在公共交通研究中的应用

交通网络是典型的开放复杂网络，在交通领域如何运用复杂网络的知识解决交通网络中存在的问题，成为学术界一个重要的研究方向。Pang 等在对多个城市运输网络效率的分析和对比中发现，相比于单斑点、网格的网络，随机、双斑点的网络更为有效，对城市交通网络优化设计给出了技术角度的建议；罗孝羚等为解决乘客出行时间过长的问题，基于公交的载客能力和 milk-run 和 hub-spoke 的设计理念，构建了城郊公交线网优化模型；申婵等提出了基于可靠性最短路的线路优化方法，建立了实时优化定制公交线路；Liu 等为评估公共交通网络效率，建立了具有多种交通方式的系统空间可达性评价方法；Hieu 等为利用平均路径长度、平均聚类系数全局效率等对网络鲁棒性进行度量，以此来分析越南河内公交网络的鲁棒性。

城市公交网络系统作为交通网络的重要组成部分，也属于典型的复杂网络系统。随着复杂网络在交通领域的不断发展，在基于复杂网络方向上的研究也不断成熟与深入。毕明凯等分析市郊铁路客流出行需求，以最小化总运行时间为目标，构建了考虑随机机会为约束的市郊列车停站非线性优化模型；宁丽巧等采用网络总换乘协同乘客数最大为目标，以柔性发车间隔的时刻表为基础，构建了柔性间隔发车策略的协同优化模型，来提高城市轨道交通网络时刻表和客流需求的匹配性；邓连波等以总社会成本最低为目标，基于 Logit 的线路间客流分配方法，构建了固定需求下的城市公交线网的差异化票价策略优化模型。

综上所述，虽然以往研究对于城市公共交通线网优化各有优势，但是多以兼顾线路网络整体的单条线路优化为主，且不能综合考虑到由多种换乘累计时间所带来的网络效率的下降，大部分也缺少海量真实交通数据的支撑。所以，其研究结果在一定程度上不能客观地反映出公共交通整体效率的真实情况，使得依据此订制的优化策略并没有与实际情况十分贴合。因此，本章在充分考虑多种换乘对线网所带来的影响的前提下，利用城市日常出行的数据来对公共交通线网进行优化改进，提出更精细化的优化方案。而且，在构建模型与求解方法上也更加多样，可以从各个角度和细度上分析网络的整体结构和效率，在推动交通更好服务出行方面具有一定的价值和意义。

4.2 大数据驱动下的公交线网模型构建

4.2.1 公交-地铁复合交通网络模型及其特征

城市公交网络是由多个公交站点和复杂的公交线路组成的庞大网络。研究中经常将现实的网络抽象为 L 空间、C 空间和 P 空间三种网络模型。L 空间网络模型是最接近公交实际分布的拓扑结构模型，它以相邻站点作为节点并构建连边。P 空间网络模型又称为公交换乘网，可以清楚地描述公交系统中车站之间的换乘关系，它以公交车站为节点，为同一条线路上的所有车站之间建立连接。C 空间网络模型将公交线路抽象为节点，在拥有共同站点的线路间构建连边。本章为研究网络拓扑结构和线路情况，利用 L 空间网络模型和 C 空间网络模型构造北京市公共交通网络。同时，为研究轨道交通影响下的公共交通系统，将公交复杂网络与地铁复杂网络相结合，提出公交-地铁复合网络的构建方法。其构造步骤如下：

首先是构建公交网络与地铁网络，分别构建 L 空间网络和 C 空间网络。如图 4-1(a) 所示，上层为公交复杂网络，网络节点 B1、B2、B3、B4、B5 对应公交站点；下层为地铁复杂网络，网络节点 S1、S2、S3 对应地铁站点。

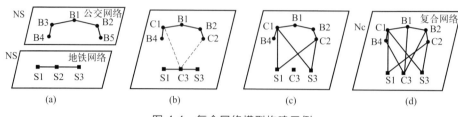

图 4-1　复合网络模型构建示例

其次是识别与地铁接驳的公交站点，以地铁站点为圆心建立半径为 500m 的圆形缓冲区，查找缓冲区内的公交站点，即可以与地铁站点接驳的公交站点，并对其进行标记。如图 4-1（b）所示，公交站 B3 和 B5 与地铁站 S2 接驳，将其标记为 C1、C2、C3。

最后构建地铁站与对应公交站的连边。由于地铁与缓冲区内公交站点的换乘距离较短，因此在连接公交-地铁复合网络时，对应的公交站点应继承地铁站点的相邻公交站点。如图 4-1（c）所示，地铁站 C3 缓冲区内的公交换乘站 C1 和 C2 继承了与其相邻地铁站 S1 和 S3，并对应构建 4 条连边。同理，地铁站点也将继承对应公交站点的相邻地铁站点，如图 4-1（d）所示，地铁站 C3 继承了公交换乘站 C1 和 C2 的相邻公交站点 B1、B3 和 B4，并对应构建三条连边。

依据以上方法，基于筛选的北京市主城区且建设完成的 299 个地铁站点与 5897 个公交站点，以地铁站点圆形缓冲区内查找到公交站点为连接，构建北京市公交-地铁复合网络。依据复杂网络建模方法，其 C 空间网络模型可视化后如图 4-2 所示。

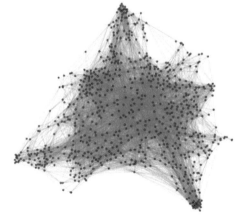

图 4-2　北京市公交-地铁复合网络 C 空间网络模型

复杂网络的静态几何特征随着统计学、系统科学思想等理论在交通复杂网络理论的融入和发展，许多概念被人们提出用来描述复杂网络的结构统计特性。常用的包括路径长度、聚类系数、度、介数中心性。

（1）路径长度

复杂网络中最短路径指，任何两个节点之间所有路径中含有最少节点数的路径。在拥有 N 个节点的网络中，网络平均路径长度就是所有节点组合最短路径长度 d_{ij} 的平均值：

$$L = \frac{2}{N(N+1)} \sum_{i \geqslant j} d_{ij} \qquad (4\text{-}1)$$

（2）聚类系数

聚集特性是描述复杂网络中网中彼此关联的程度。聚类系数是封闭的三元组数目 N_i 与所有三元组数目 Tr_i 的比值。在复杂网络中，节点 i 的聚类系数表示如下：

$$C_i = \frac{N_i}{Tr_i} \qquad (4\text{-}2)$$

（3）度

度是描述了一个节点对网络的重要程度，是与该节点相邻的节点数，即节点 i 的度值 k_i 是与其相邻的节点 j 的数量：

$$k_i = \sum_j a_{ij} = \sum_j a_{ji} \qquad (4\text{-}3)$$

网络中节点度的平均值就是网络的平均度 $<k>$：

$$<k> = \frac{1}{N} \sum_i a_{ij} = \frac{1}{N} \sum_i k_i \qquad (4\text{-}4)$$

（4）介数中心性

节点 k 的介数 B_k 的定义是：网络中，通过节点 k 的最短路径数 $d_{ij}(k)$ 与所有最短路径数 d_{ij} 的比值。除了节点度之外，节点介数是衡量节点重要性的另一重要指标，如下所示：

$$B_k = \frac{\sum_{i \neq j \neq k} d_{ij}(k)}{\sum_{i \neq j \neq k} d_{ij}} \qquad (4\text{-}5)$$

网络效率作为优化网络结构的重要目标函数，可以作为网络运行状况优劣的评价指标，公交网络效率 $E(G)$ 定义如下：

$$E(G) = \frac{1}{N_s} \sum_{i \neq j} \frac{1}{d_{ij}} \qquad (4\text{-}6)$$

式中，N_s 为整个网络中的最短路径数目；d_{ij} 是站点 i 与站点 j 的最短路径值。网络效率越高，节点间的流通性能越好，易达性越高；反之，节点间的流通性能越差，易达性越低。

4.2.2 基于出行大数据的网络效率改进

对于出行时间阻抗函数，城市公共交通主要包括地面公交与轨道交通，因此居民乘坐公共交通工具的时间也主要包括地面公交和轨道交通的乘坐时间。同时，不同线路之间的换乘也增加了居民出行的时间成本。由此可得，地面公交乘坐时间、轨道交通乘坐时间、累积换乘时间三部分共同构成了居民公共交通出行的时间函数，其数学表达式如下：

$$t_{od} = \sum_{(i,j) \in R(o,d)} \left[\theta_{ij} t_{b(i,j)} + (1-\theta_{ij}) t_{s(i,j)} \right] + \sum (W_b + W_{bs}) \quad (4-7)$$

式中，t_{od} 为居民乘坐公共交通由站点 o 到站点 d 所花费的时间；$t_{b(i,j)}$ 为行程中路段 ij 上乘坐公交所花费的时间；$t_{s(i,j)}$ 为行程中路段 ij 上乘坐地铁所花费的时间；θ_{ij} 为行程中路段 ij 上是否乘坐公交，若乘坐公交则 $\theta_{ij}=1$，否则 $\theta_{ij}=0$；W_b 为行程中乘客在公交线路间换乘所花费的时间；W_{bs} 为行程中乘客在公交与地铁间换乘所花费的时间。

对于交通形式效率，大多数加权复杂网络的研究将站点间的客流量、时间或线路数目作为节点连边的权重。虽然这些方法的侧重不同，但对城市交通网络的整体改善仍有一定的局限性。因此，本章提出了交通行驶效率的概念，将网络中的乘客流动和时间因素进行综合考虑。交通行驶效率为相邻站点间的客流运输效率，即相邻站点间的乘客数量与花费时间的比值。交通行驶效率越高的路段单位时间运送的乘客数量越多。其数学表达式如下：

$$e_{ij} = n_{ij} / t_{ij} \quad (4-8)$$

式中，e_{ij} 为站点 i 与 j 之间的交通行驶效率；n_{ij} 为站点 i 与 j 之间公共交通运送的乘客数量；t_{ij} 为站点 i 与 j 之间居民出行时间（上下行双向平均），由式（4-7）定义。

交通行驶效率综合考虑了相邻站点间公共交通运送客流量和行驶时间。一方面，运输单位乘客量耗时越小的路段，连边权重越大，它的运输效率越高；另一方面，在单位行驶时间运输乘客量越大的路段，权重越大，路段流通性越好。在实际应用中，高峰时期的拥堵路段运载时间长，交通行驶效率小。因此，可以确定拥堵路段并对该路段进行优化。同时，在公交-地铁复合网络中，地铁往往交通行驶效率较大，有更大的乘客流量和更短的运行时间。因此，交通形式效率可以通过数据的形式量化地铁在公共交通网络中的重要程度。

数据驱动下的大型城市功能
与客流协同优化研究

对于城市公共交通网络效率的改进，现实网络中，连边的重要程度往往有所差异，不同连边权重也会使得网络中各节点间流通能力千差万别。传统复杂网络将路径节点数量的最小值作为网络效率中最短路径长度的值，这使得传统的网络效率只能表现出节点间的连接特性，但在整体评价现实网络时局限较大。因此，为了更好地描述网络中各节点间的流通能力，本章提出了加权交通网络的网络效率计算方法。其数学表达式如下：

$$E(G) = \frac{1}{N_s} \sum_{i \neq j} \max\left(\frac{W_{ij(k)}}{l_{ij(k)}}\right) \tag{4-9}$$

式中，$W_{ij(k)}$ 为节点 i 至节点 j 时，路径 k 中所有连边权重 e_{ij} 的合计；$l_{ij(k)}$ 为节点 i 至节点 j 时，路径 k 中路段的数量；$\max(W_{ij(k)}/l_{ij(k)})$ 表示节点 i 至节点 j 时，从多条可行路径中找出平均交通行驶效率最大的一条路径计算权重；N_s 为参与计算的站点对集合的数量。由此可以看出，改进后的网络效率的实际意义为网络中所有路径的最大单位权重的平均值。

4.3 公交线网结构调节及应用模拟

4.3.1 城市公交线网结构调整机制设计

结合线路、站点及网络条件设立约束，在限制条件下通过调整效率较低的站点并改进效率较高的站点区域提升整体网络效率，具体约束条件如下：

由于网络中节点删除过多或删除重要节点往往会带来的大范围联动影响，会导致与实际线网规划的可操作性大大降低。为避免这一情况，本书从站点实际属性出发，先进行站点筛选，设置以下站点筛选约束条件：

$$ND_{del} \subset \lambda RP_{del} \tag{4-10}$$

$$ND_{add} \subset \beta RP_{add} \tag{4-11}$$

各变量意义如下：

ND_{del}：计划删除站点的集合；

RP_{del}：可删除站点的集合；

λ：站点删除数量调控参数；

ND_{add}：计划增加站点的集合；

RP_{add}：可增加站点的集合；

β：站点增加数量调控参数。

式（4-10）、式（4-11）分别为站点删除和站点增加最终决策的数量约束。最终决定调整站点的数量应考虑运营成本、地理位置等现实因素，避免因过度调整站点数量而影响市民日常生活，故在增删站点的总数上应有所限制，可通过调节 λ、β 参数来实现。

由于以轨道为基础的地铁站点和路线调整成本与影响较大，不适合批量调整优化。故本书以公交站点为调整对象，所有公交站点均可视为可调节站点，对网络整体结构进行调整，并使用改进后的网络效率来计算网络的变化情况。在不影响整体网络基本结构的前提下，结合实际中北京市公交网络的调整范围，为充分反映调整后的效率变化，本书取 λ 为 0.05，β 为 0.05。

4.3.2　城市公交线网结构调节机制

考虑站点规划的实际可操作性，本书基于既有网络结构的现状，利用乘客的出行数据计算各站点的客流量与网络间连边效率。通过站点删除、增加的方法，对公共交通网络结构进行调整，以此来达到提升整体网络效率的目的。

（1）站点的删除规则

通过对实际交通数据的观测可以发现，同一线路的车站客流也分布不均，通过站点的客流数据可以看出，部分站点在只间隔一个车站时，中间站上下车的乘客较少，而在这两个车站上车的大部分乘客不会在中间站点下车。可见如果中间站点客流较少的情况下，在此停车会增加大部分乘客的出行时间；若删除此站点，虽然会使少量乘客流失，但可以显著减少乘车时间，降低运营成本。删除站点的步骤如下：

① 计算初始网络的网络效率。

② 计算每个站点连边权重合计，其数学公式如下：

$$W_i = \sum_j ed_{ij} \tag{4-12}$$

式中，W_i 为站点 i 的连边权重总和；ed_{ij} 为站点 i 与直接连接的站点 j 的权重。

③ 选取权重之和最小的站点 i，加入待删除站点集合 ND_{del}。

④ 若删除站点 i，则将待删除站点与相邻站点的连边删除，并将删除的连边效率累加到相邻连边的权重中。样例如图 4-3 所示。公式如下：

$$ed'_{jk} = ed_{jk} + ed_{ij} \tag{4-13}$$

式中，ed'_{jk} 为删除站点 i 后，相邻站点 j 的连边 ed_{jk} 重新计算的权重；ed_{ij} 为站点 i 删除前与站点 j 连边的权重。

⑤ 判断待删除站点集合 ND_{del} 是否满足数量约束条件。若不满足，则返回步骤②。

图 4-3 站点删除示例

⑥ 由剩余站点构成新的网络。

（2）站点的新增规则

对实际交通数据的观测可发现，公交线网中部分相邻站点的客流量较大，高峰时期路段运送乘客量远大于其他站点。说明这些站点客流吸引力较大，公交满载率较高，已有站点数量较难满足乘客乘车需求。因此，应在站点对间增加站点，以分担站点的客流压力，提高公交服务水平和网络效率。新增站点的步骤如下：

① 基于站点删除后的网络，选取站点间效率最大的站点对 i 和 j。

② 在站点对间增加一个站点 m，并加入待增加站点集合 ND_{add}。

③ 计算站点对上下游效率均值，与拆分后的原始连边权重合计作为与新增加站点的连边权重。站点增加示例如图 4-4 所示。公式如下：

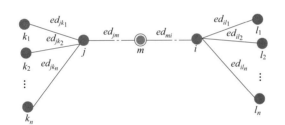

图 4-4 站点增加示例

$$ed_{mj} = \frac{1}{n} \sum_{t=1}^{n} ed_{jk_t} \tag{4-14}$$

$$ed_{mi} = \frac{1}{n} \sum_{t=0}^{n} ed_{il_t} \tag{4-15}$$

式中，ed_{mj} 为新增站点 m 后与其上游站点 j 的连边权重；ed_{jk_t} 为站点 j 与其上游站点 k_t 的连边权重；ed_{mi} 为新增站点 m 后与其下游站点 i 的连边权重；ed_{il_t} 为站点 i 与其上游站点 l_t 的连边权重。

④ 判断待增加站点集合 ND_{add} 是否满足数量约束条件。若不满足，则返回步骤①。

⑤ 以改进后的网络效率为基础，重新计算增加站点后的网络效率。

4.3.3 北京市公共交通网络拓扑特性分析

本节分别利用 L 空间网络模型与 C 空间网络模型构建公交网络与公交-地铁复合网络，对其平均路径长度、聚类系数、度、介数等静态特征进行统计，从而整体把握北京市公共交通线网整体拓扑特征。本节基于 2017 年 3 月北京市站点与路线结构，并结合复杂网络的静态几何特征计算公式得出线网整体拓扑特征结果，如表 4-1 所示。

◆ 表 4-1 北京市公交网络与复合网络特征统计

城市	线路数目	站点数目	L 空间				C 空间			
			路径长度	聚类系数	度	介数	路径长度	聚类系数	度	介数
复合网络	741	6196	20.12	0.234	3.25	0.019	2.43	0.536	38.07	0.0025
公交网络	721	5897	22.16	0.139	2.91	0.013	2.75	0.524	32.56	0.0013

从复合站点网络来看，北京市公共交通线路 741 条和站点数 6196 个，公交系统在其中占据了绝大部分数量。在表现系统间站点连通性的 L 空间网络中，复合网络可以看出平均一次出行需经过 20.12 个站点，且可以一站到达的站点仅有 3.25 个。相对地，公交网络可以看出平均一次出行需经过 22.16 个站点，且可以一站到达的站点仅有 2.19 个，表明地铁系统的加入明显地缩短了出行乘车的站点路径。复合网络的聚类系数为 0.234，大于公交网络的 0.139，表现出复合网络站点之间具有更强的关联性，但在衡量站点重要程度的介数上二者基本一致。

在表现系统线路换乘特性的 C 空间网络中，复合线路网络中乘客出行一次平均需换乘 1.43 次，一条线路平均与 38.07 条可同站换乘的线路相连接。公交网络乘客出行一次平均需换乘 1.75 次，一条线路平均与 32.56 条线路相连接，与其他线路的连通性低于复合网络。在体现线路之间的竞争关系的聚类系数上，公交系统的平均聚类系数为 0.524，与复合网络基本一致。从复合网络远介数大于公交网络介数上可以看出，地铁的加入在一定程度上提高了线路在客流转换中的调控能力以及中心路线的重要性。

由表 4-1 中可以看出，北京市的公交线路及车站基本可以满足居民日常出行需求。但网络结构的对比结果显示出北京公交线网的各个拓扑特性依然有待优化的空间。北京市的地铁虽然线路和站点数量较少，但地铁的加入显著减少了居民出行经过的站点数量和换乘次数，使得乘客的公共交通体验大幅提高。

4.3.4　线网结构调节模型应用仿真模拟

"北京市政交通一卡通"为精准研究、优化北京市公共交通系统提供了海量的数据支持。为方便计算，本节以 2017 年 3 月的刷卡数据以及北京中心城区二环以内的公共交通站点路线，针对北京市拥堵情况严重的早高峰时段（7：00—10：00）进行仿真实验。在上述区域内包括共计 784 个站点，在两个站点之间正反向连边权重加和的条件下，共需要计算 1418 对站点之间的效率。

IC 刷卡数据可对每一位刷卡居民的公共交通出行进行追踪。通过对数据的整理统计，可以获取各个公交站点在所研究时段的上下车客流量，其分布如图 4-5 所示。在此基础上，可以计算出交通网络中各站点间的连边权重，并运用改进后的网络效率公式对北京市公共交通网络进行计算，得到现有网络的整体效率为 3.07 人/(路段·min)。即北京中心城区早高峰客流量共计约 47 万人次，平均每小时运送乘客 15.6 万人次。

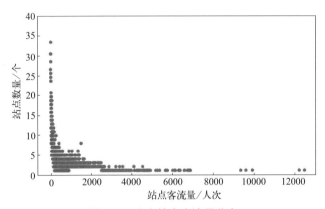

图 4-5　公交站点客流量分布

基于此现有网络结构和状态，按照前文所述站点调节机制对此网络进行仿真调整优化如下：

（1）站点删除结果

基于高峰客流量所组成的网络，对各个站点连边权重之和进行统计，选取权重之和最小的 40 个站点组成待删除站点集。计算结果最小的 10 个站点如表 4-2 所示。从网络中删除集合里所有站点，并依据站点删除方法，重新计算站点相邻连边权重，组成新的交通网络，并将其作为下一阶段增加站点的基础网络。

◆ 表 4-2　部分待删除站点及其权重和

站名	连边权重和
十里河桥西	0.00074
群星路东口	0.00185
九龙花园北	0.0037
群星路西口	0.00444
黄寺总政大院	0.00982
群星路	0.01055
三环新城	0.01334
三环新城东	0.01408
芳古园北	0.01926
永定门东街	0.02445

（2）站点新增结果

在站点删除后所构成的交通网络上，对网络中剩余站点间的连边权重进行统计，选取权重最大的 40 条连边所对应的站点对，组成待增加站点的站点对集合，其中权重最大的前 10 个站点对如表 4-3 所示。然后，依据站点增加方法，依次插入新站点，并结合站点对相邻连边效率，计算新站点的连边权重，得到最终的网络结构。

◆ 表 4-3　部分待增加站点的连边及其权重

站点名称（一）	站点名称（二）	原始连边权重
翠林小区	右安门外	35.1667
三路居	丽泽桥东	32.2333
木樨园桥东	木樨园桥西	18.4185
白石桥东	动物园	18.2984
木樨园桥西	洋桥西	16.3574
劲松中街	光明桥东	15.9972
三元桥东站	四元桥西	15.8722
翠林小区	右安门外	35.1667
三路居	丽泽桥东	32.2333
紫竹桥	万寿寺	18.5111

（3）站点调整的网络效率计算结果

对经过站点删除与增加后的网络重新计算全局效率。经计算，在没有该改变网络节点总数的前提下，通过合理地调整部分站点，将网络效率整体提升到3.13人/（路段·min）。即网络优化后，早高峰预计能运送乘客约48万人次，较改进前的初始状态整体运力提高了1万人次。考虑到本书分析的是处于工作日早高峰时期的北京市中心城区的公共交通网络效率，在路网车辆既定的条件下，仅通过优化部分公交站点实现整体运力提高1万人次，此仿真结果仍具有一定的优化效果及实际应用价值。

小结

本章基于地铁刷卡数据、公交刷卡数据及地铁公交线路站点数据的海量交通数据，提出一种科学、综合、全面和人性化的公交线网规划优化方案，并取得了较好的网络结构规划效果。相较于传统统计模型驱动的智能交通线网优化，大数据驱动的智能交通线网优化方式虽统计量、运算量较大，但其精细化程度更高，主要体现在两方面：一是大数据极大地提高了样本容量，有效解决了传统统计方法中小样本带来的误差；二是在利用大数据进行分析时，无须对问题提出假设，直接可通过算法找出变量之间的关联，消除由人为因素带来的误差，且利用大数据优化后的方案更贴近实际交通网络情况，更具可行性。随着智能交通的不断应用与发展，交通数据与结构将不断更新，数据更加复杂与多样化，应用价值也将更大。而且，模型所用到的字段为交通系统易采集整合的字段，可以适用于多样的交通数据库与数据结构，具有广泛的适用性，为不同地区的推广应用创造了条件，为推动交通灵活运用大数据实现更具人性化、智能化发展提供了思路。

在公共交通系统的规划阶段，可以再次以一定时期观察获取的交通出行数据信息为基础进行计算，并基于新一轮计算结果调整规划过程，在调整中形成闭环。这样可提升规划方法在迭代中对实际交通情况的适应性，提升乘客的公共出行服务质量，使城市公共交通发展更加科学、高效、人性化。

第5章 北京市职住空间影响因素研究

　　我国大城市在经历交通发展、人口聚集、产业结构升级的变化过程中，职住空间分离和失衡等问题日益严重。尤其是在通勤方面，中国特大城市的多数工作者日常上下班距离超过了 10 公里，耗费时间也达到了 50 分钟以上，这反映出城市就业与居住空间和资源配置不合理的情况。为了缓解并解决这些问题，城市规划者与研究者从政策、土地利用、交通等方面进行了探究。其中，以公共交通为导向发展模式作为实践中有效解决大城市病的策略之一，已成为城市发展的新方向。而轨道交通系统作为承担城市主要客流运输能力的公共交通组成部分，已成为缓解交通拥堵、优化城市空间结构的重要方向。在这种背景下，城市就业与居住空间的关系也随着轨道交通的发展产生了变化，而职住空间的平衡性也成为影响轨道交通快速客运能力的一个重要因素。

　　中国城市的轨道交通正处在迅速扩张的阶段，城市的快速发展也增加了人们对出行的需求。值得注意的是，轨道交通不仅丰富了人们出行的方式，同时较为便利和高效，这让轨道交通逐渐成为大城市上班族的主要通勤工具，也无疑成为改善公共交通服务的最佳方式。以北京市为例，2008—2020 年的 12 年间，根据北京抽样调查与交通数据统计显示，轨道交通已成为北京居民最主要的通勤方式之一。其每日每公里客运量从 0.23 万人次迅速上升到 1.69 万人次，运营里程也达到 699 公里。

　　随着信息技术的发展，对手机信令数据、地图兴趣点数据、公共交通刷卡数据等大数据的采集技术、数据挖掘、机器学习等技术也在迅速崛起。一方面，这些蕴含着丰富信息的数据从更多层次、角度上记录了人们在时空中的轨迹，研究者们可以通过算法、可视化等技术挖掘数据中潜藏的信息。另一方面，城市的发展模式逐渐转向多中心模式发展，在很大程度上对城市空间结构产生了影响。然而，利用样本较多、更新及时且成本较低的多源大数据，可以将更加丰富、细粒度的个体活动关联到空间实体，进而从更深入、全面的角度展开人与城市间的研究，这一趋势也在逐渐成为城市研究的热点方向。

5.1 职住空间特征及影响因素研究现状

5.1.1 职住平衡相关理论

(1) 职住平衡

职住平衡最初是由霍华德为解决伦敦交通、人口等问题提出的城市空间均衡性理念。他认为，城市发展到一定阶段后，应当在一定范围的区域内部实现人们居住与就业的自给自足。而且，区域居住地与就业地相邻、内部设施完善可以在很大程度上改善城市日益严重的交通状况与环境问题。因此，许多城市规划者将职住平衡视为缓解交通拥堵、长通勤和空气污染的重要策略。

在已有的研究中，经常采用 Cervero 提出的就业住房比率的概念来描述区域职住平衡的情况，以显示一个地区内工作人口与工作人口之间的匹配程度。但随着城市公共交通的发展，职住平衡也被认为是在一定地理区域范围内，居住者中就业者数量与区域提供的就业岗位数量匹配，而且大部分居民上下班所经历的时间与距离都可以在合理范围内得到满足。也有许多学者基于公共交通客流数据，利用通勤者进出区域的人数来计算职住比，或对职住平衡情况进行衡量。通常认为，平衡度为 1 时，职住空间达到绝对平衡状态；小于 1 则认为区域居住人口相对就业人口较多，通勤多为早晨流出、晚上流入；当平衡度大于 1 时则相反。考虑到不同的计算方法间的差异，一般将表示区域达到职住平衡状态的平衡度数值设置在一个阈值区间内，但其具体区间范围目前并没有统一的意见。Margolis（1973）认为是 0.75～1.25，Cervero 从国家层面上分析认为上限为 1.5 较为合适，冷炳荣等学者认为 0.8～1.2 较为合理。

对职住空间的组织是城市建设的核心内容，也对城市交通规划具有重要影响。研究表明，职住关系不平衡会通过影响居民通勤模式来加剧长途通勤，这是导致城市车辆总体行驶里程增加的主要原因，也在一定程度上对城市路网的安全性产生了负面影响。而且，由交通成本效应可知，公共交通的变化会刺激居民出行模式的转变，因此，推动就业与居住的平衡也是城市交通重要的发展方向。为了解决职住不平衡问题，众多学者从制度政策、市场调节、交通发展等方面进行实践和研究，发现从交通角度对城市空间的职住状况进行改善的方式较为有效，城市规划者也逐渐将以公共交通为导向的城市发展理论引入城市建设中。

(2) 职住分离

职住分离问题最早是由 Duncan 在研究城市空间的用地结构和居民收入的

影响时提出的。随着城市的扩张，居住地与就业地在时空中产生了日益明显的分隔现象，而职住分离就是对这一现象的描述。随着城市经济和基础设施建设的不断推进，居住空间不断向郊区扩展。一方面，城市中心地区土地价格的上涨限制了人们对居住空间的选择。另一方面，城市公共交通的发展提高了地区的可达性，也增加了人们对职住空间距离的可接受阈值。因此，许多学者认为交通的改善会促进城市居住空间的郊区化。在通常情况下，人们会在价格和生活质量的权衡中选择交通较为便利、环境更好、距离城区较远的区域居住。特别是低收入、下岗工人、移民等群体，会为了降低居住成本而选择牺牲通勤时间，居住地区向城市外围不断拓展。因此，这种由于居住地与工作地分离所导致的城市空间不平等，可能限制社会弱势群体在通勤、移民和寻求信息方面的能力，进而成为影响他们在住房和工作场所选择的障碍。

职住分离通常被视作职住平衡的对立状态，它更多考虑的是从地理角度反映职住空间的错位程度及相互依赖的关系上，这也表现在了城市内部的通勤特征中。因此，许多学者在研究中利用通勤数据来衡量职住空间分离程度，一般采用通勤时间与通勤距离两个指标进行测度，并将超过通勤指标一定范围的地区纳入职住分离区域。而且，通勤时间更常被用来衡量职住分离程度。通常对通勤时间使用两种方法来分析：一种是给定空间单元来分析其平均通勤时间，另一种是从工作人员个体或家庭层面分析通勤时间，已被广泛用于揭示不同类别工作人员的实际通勤情况。

（3）空间错位

在城市规划领域中，空间错位理论是指住宅资源和就业市场在城市空间中不匹配的现象，已逐渐作为衡量社会平等的重要标准。空间错位理论最初是由 Kain 在 20 世纪 60 年代分析非裔美国人集中的中心城市住宅与就业机会集中的郊区之间地理位置不匹配时提出的。空间错位理论的提出引起了广泛的关注，前期的研究主要集中在社会群体层面、制度政策以及服务设施配置层面。在社会群体层面，主要验证了城市不同区位的群体之间的工资、通勤成本及就业机会之间的差异。在政策、制度以及服务设施配置层面，主要验证了其发展与完善水平对空间错位程度的内在联系与影响程度。除此之外，也有一些学者将空间不匹配假说扩展到对大城市农村移民的分析中。

现阶段，空间错位主要是指对不同行业的工作者在居住空间与就业空间上的机会不匹配现象，特别是在通勤行为角度的空间不匹配。通勤反映了住宅和工作场所之间的具体联系，在某种程度上直接测量了空间不匹配。通勤行为主要包括通勤方式的选择、通勤时间及通勤距离。一般来说，通勤距离与时间越长，则城市职住空间匹配性越差。在公共交通中，通勤时间一般与通勤距离成

数据驱动下的大型城市功能
与客流协同优化研究

正比，很多学者也因此将通勤时间作为衡量标准进行研究。

5.1.2 职住空间结构相关理论

（1）城市空间结构的概念与核心要素

城市空间是研究城市形态与现状的重要角度，包含了居住、就业、交通和休憩功能，涉及职住空间结构变化、城市通勤行为、空间错位等方面。为了更加完整地对城市空间结构进行描述，Bourne在1971年提出可以通过各功能的空间分布、作用机理以及功能之间的作用关系三个方面进行分析。城市社会经济活动需要土地提供场所，而城市空间结构影响了土地分布性质间的差异。

职住空间结构是城市空间结构的重要概念，其本质是指地理中居住和工作的人口分布情况及空间位置联系，主要涉及交通、居住、就业三个关系复杂的要素，是多空间主体综合作用的结果，对城市用地与交通建设有着重要影响。职住空间概念较为宽泛，涉及对职住空间错位、职住平衡、过剩通勤等的研究。居住与就业作为城市职住空间的核心要素，都需要基于空间资源进行生产活动，从而推动城市的发展。就业者与企业在进行区位选择时，都会考虑不同地区的通勤和经济成本，在相互影响的同时，也会对区域的交通、土地利用、房价以及就业资源等产生影响。由于公司企业与就业者都会基于自己的资源阈值竞争土地，因此，如何将空间资源在职住中进行合理配置就成为城市职住空间研究的核心问题。从人文地理学角度上，职住空间侧重于城市职住空间关系与演变格局的研究，分析其发展、组合以及结构的变化规律。而城市地理学侧重对职住空间关联关系与平衡程度的测度，及城市空间结构演变及内在机理的研究。

（2）城市空间结构与交通互动关系

城市空间与城市交通之间存在着复杂的互动关系。城市空间土地的利用情况与布局会影响区域交通设施的建设，也决定了城市的通勤特征和交通需求。而区域交通的发展也引导着城市的功能划分及开发布局，一般来说会优先开发交通线路附近区域。而轨道交通作为城市交通的重要组成部分，承担了大量的客流，与城市空间有更强的相互作用关系。

城市交通建设与城市空间结构相辅相成，相互影响。城市空间结构会通过空间布局对居民交通出行造成影响，进而推动城市交通网络的变化。而交通网络的变化，会在区域可达性与用地价格上对企业选址与个人居住空间选择产生影响，进而促进城市空间结构资源的整合。企业在选址时会基于最大效益对各个成本进行综合评估，个人在选择住宅时也会在居住费用、居住环境以及通勤成本间进行权衡。城市扩张是城市发展过程中较为普遍的现象，也进一步加深了城市空间结构与出行行为之间的相互作用。在城市扩张过程中，城市土地利用格局也会随之改变。而城市居住区、就业区、购物区和娱乐区的分布，在一定程度上决定了城市居民的日常活动空间，从而直接和间接地影响了他们的出行需求。通常情况下，城市扩张会显著增加通勤时间。但相对地，区域交通的发展将带来更高的可达性，促进该区域的土地使用和车站周围环境的变化。

在城市交通系统中，轨道交通有着短时间内快速运输大量客流的特性，极大地增强了轨道交通附近区域的可达性，对城市功能的分布和空间结构产生了重要影响。而且，轨道交通在不同区域路段对城市空间的塑造模式不同。在城市内部轨道交通沿线开发程度较高，整体呈现出沿轨道交通线网分布发展的趋势。而在郊区以及外城附近，多是以轨道交通站点为核心的点状聚集开发，引导着周围土地的利用。因此，城市轨道交通与城市空间结构的相互作用，可以指导城市总体规划和城市空间结构优化。以交通为导向的发展模式，是一种将交通和土地利用结合起来的发展模式，可以有效缓解城市发展给交通带来的压力。国内外许多城市已经成功地通过土地利用与交通互动，建立了可持续发展的交通和土地利用模式。这表明公共交通系统的建设是缓解城市交通拥堵、空气污染的有效方法，有助于发挥城市功能，保障城市经济社会可持续发展。

5.2 基于轨道交通通勤的职住空间特征分析

5.2.1 轨道交通通勤与职住空间数据描述与预处理

（1）轨道交通通勤与职住空间研究区域的选择

城市轨道交通在不同的开发阶段，对城市职住空间的影响程度也存在着差异。通常越成熟完善的轨道交通系统对职住空间分布的影响越大，也可以更加准确地反映职住空间的特征。在城市内部，工作者通勤所使用的轨道交通系统主要为城市地铁系统，而跨城市通勤的工作者主要使用火车、高铁等轨道交通工具，且人数较少。因此，本书中的城市轨道交通特指城市地铁，并在此基础上展开对城市职住空间的研究。

地铁作为城市的主要交通工具，可以在短时间内稳定运送大量客流，是城市公共交通建设的重要组成部分。北京作为我国最早建设地铁系统的城市之一，早于1971年开通了地铁路线。随着北京地铁规模和信息技术的快速发展，大量轨道线路与站点投入使用，地铁系统网络化运营也日益成熟。现阶段，北京地铁已搭建了以环线为基础的城市轨道交通网络。而且，北京在建设过程中一直重视着对地铁系统的规划和城市的可持续发展，且为改善北京职住分离状况，计划在2035年轨道交通建设不低于2500公里，打造一小时交通圈。因此，本书以北京作为研究区域，基于轨道交通通勤对北京职住空间展开研究。

在城市空间上，北京作为中华人民共和国的首都，土地面积约为16410平方公里，拥有2000多万居民，有着悠久的历史和灿烂的文化。北京中心城区包括东城区、西城区、朝阳区、海淀区、丰台区、石景山区，其中以东城区与西城区为主的老城区是城市功能核心区，集中体现了北京的古都特色和首都功能。通州区、顺义区等区县具有丰富的自然资源，区位易于发展新城，是疏解城市中心非首都功能的重要区域。为落实城市战略定位，政府颁布了《北京城市总体规划（2016年—2035年）》，有计划有方向地完善城市体系，改变单中心集聚的发展模式。

（2）轨道交通数据描述与预处理

为优化轨道交通运营与运输能力，许多国际化大城市使用互联网技术搭建了城市公共交通运营管理系统，其中包含了自动售检票（Automatic Fare Collection，AFC）系统，用于自动化处理车票的相关事件。为了更好地提升城市公共交通的服务水平，众多城市规划者对AFC刷卡数据进行了统计分析，并结合分析结果对城市公共交通进行调整。对于城市与交通方向的研究者来说，AFC系统突破了传统数据采集的局限，提供了海量实时的数据，在其中蕴藏了丰富的时空出行信息，为城市空间结构、居民出行特征等研究开拓了方向。而且，在数据存储技术和通信技术的推动下，学者们可以利用通过AFC系统收集的智能卡数据，在公共交通和城市空间结构之间建立联系。因此，本书选取了2017年北京市地铁一周工作日的全网络AFC刷卡数据，在文献研究的基础上对其进行清洗和处理。

1）轨道交通数据介绍

① 地铁刷卡数据。

通常情况下，乘客会使用交通卡在站内闸机上刷卡进入地铁站，在出站时也会使用交通卡在站内闸机上刷卡出站。因此，AFC系统中可以精确收集到乘客进出站地点、时间等信息，为研究们提供了丰富的数据来源。一般来说，每张交通卡可使用序列号来进行标识。而且，每张交通卡的每次出行都会产生一条对应的记录，其采集的字段会依据地区AFC系统建设的不同而存在一些差异。本书利用北京AFC刷卡数据进行研究，每次轨道交通出行行为都会从行程起点至终点生成一个由多个字段所组成的记录，完整的字段据共有43个，其主要字段如表5-1所示。

◆ 表 5-1　地铁 AFC 数据的结构主要字段

字段	含义
TXN_DATE_TIME	出站时间
DEVICE_LOCATION	到达车站编号
CARD_SERIAL_NUMBER	卡号
TRIP_ORIGIN_LOCATION	起始车站编号
ENTRY_TIME	进站时间
PRODUCT_ISSUER_ID	卡大类
PRODUCT_TYPE	卡的子类型
PAYMENT_VALUE	扣费金额（100 倍数，1 是员工票或者计次票，0 是免费票、福利票、车站工作票）
RECONCILIATION_DATE	对账日期
SETTLEMENT_DATE	结算日期
SAM_ID	安全密钥
DEVICE_ID	闸机号
SOURCE_PARTICIPANT_ID	运营单位
PURSE_REMAINING_VALUE	钱包余额
PTSN	交易序列号
……	……

其中，每一条 AFC 数据都会包含地铁卡的类型编号，如学生卡、纪念卡等一系列类型，可以用于筛选持卡不同群体的客流数据，其类型编号所对应对象的具体类别如表 5-2 所示。

◆ 表 5-2　卡类型编号与类型对应表

CARD_ISSUER_ID	PRODUCT_ID	PRODUCT_NAME
1	1	出站票
1	2	车站工作票
1	3	单程票
1	5	往返票
1	6	一日票
99	1	普通储值卡 1
99	7	一卡通员工票
99	9	老人卡 1
99	16	老人卡 2

CARD_ISSUER_ID	PRODUCT_ID	PRODUCT_NAME
99	17	普通储值卡 1
99	18	学生卡 1
99	19	学生卡 2
99	20	学生卡 3
99	22	老年卡
……	……	……

② 地铁路线与站点数据。

在地铁路线规划时就为每个站点建立了对应的路线集合，站点所处的地理位置对其客流流量大小和来源有着至关重要的影响。北京轨道交通系统在 2017 年年底时就已建成 19 条运营线路、295 个站点，并在地铁 AFC 数据管理系统中构建了地铁站点路线数据集合，用于匹配站点与运营线路间的关系。

◆ 表 5-3　地铁站点数据结构及数据示例

刷卡机器编号	站点名称	路线编码	路线名称
150997023	安华桥	8	地铁 8 号线
150995203	苹果园	1	地铁 1 号线
150995204	古城	1	地铁 1 号线
150995205	八角游乐园	1	地铁 1 号线
150995206	八宝山	1	地铁 1 号线
150995207	玉泉路	1	地铁 1 号线
150995208	五棵松	1	地铁 1 号线
……	……	……	……

2）轨道交通通勤数据清洗与筛选

为了更加精确细致地分析轨道交通站点的时空特征，需要对刷卡数据的进出站点进行匹配，识别每一条记录出行的时间地点。其轨道交通刷卡数据站点名称匹配过程如图 5-1 所示。

5.2.2　职住空间错位分析

城市的职住空间结构影响着城市通勤格局，而在城市通勤的特征中也反映了居住地与就业地间的时空关系，这也为探究城市职住现状和特点提供了重要视角。本节基于轨道交通刷卡数据识别通勤人群，并运用 Python 实现通勤数

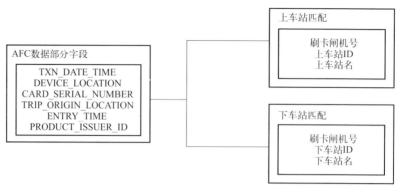

图 5-1　刷卡数据匹配过程示意图

据在地图空间中的可视化，更为清晰、直接地分析北京城市职住空间结构的聚集形态与错位情况。

（1）轨道交通通勤样本提取及职住地识别

地铁一次出行的数据通常包含了出入站点信息，即完整的始发地与到达地的信息。一般来说，普通就业者在早上以上班为目的，由居住地出发到达就业地，而晚上由工作地出发，但出行目则更加多样。本节结合北京轨道交通刷卡数据中所包含的起始点（Origin Destination，OD）信息，对所有站点工作日全天流量进行统计，并通过其波动情况判断北京早晚高峰的时间范围。北京轨道交通刷卡数据小时粒度上的平均流量如图5-2所示，可以明显看出，工作日

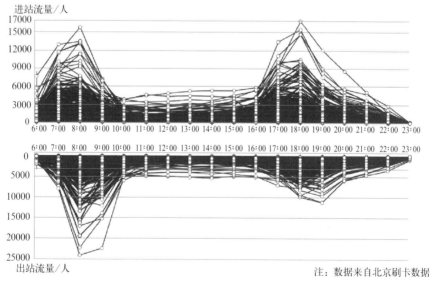

注：数据来自北京刷卡数据

图 5-2　北京地铁站点流量

　数据驱动下的大型城市功能与客流协同优化研究

流量呈现双峰状态，峰值分别集中在 7：00—10：00 和 17：00—20：00 中。因此，本节将工作日 7：00—10：00 视为早高峰时段，将 17：00—20：00 视为晚高峰时段，并对地铁刷卡数据进行进一步筛选。

在工作日早晚高峰时间范围内，通常也存在着许多以购物、娱乐为目的的非通勤者。因此，为了增加对职住空间分析的准确性，进一步对早晚高峰数据进行筛选，识别出以就业为目的的通勤者，并对其工作地与居住地进行匹配。

人类活动可以根据目的的不同，划分出多种出行类别。其中，通勤出行类别在出行时间和出发到达地点上相对稳定，在时间和空间上的规律性明显。因此，在识别通勤人群的出行轨迹时，可根据轨道交通通勤者的出行目的和出行特点制定规则，提高对通勤人群的识别精度。因此，本书使用基于规则的决策树方法，对北京早晚高峰的轨道交通刷卡数据中的通勤 OD 进行筛选和提取。

一般来说，可以通过刷卡 ID 对每个轨道交通刷卡个体的行程进行提取。由于两个相连的出行行为的交易时间间隔决定了二者是否为换乘关系，因此，可以通过对个体出行行为的分解和组合，构造出每个出行链的完整结构。本书依据国内外文献中对通勤人群的研究，发现城市居民的通勤行为具有出行间隔较为规律、两次刷卡间隔较长、通勤方式固定、线路多样等特点。其次，通勤人群通常一天内第一次通勤刷卡和最后一次通勤刷卡之间的间隔超过 7 小时，此种行为在一周内大于等于 3 天，且经常往返在工作地与居住地之间。因此，可以假设一日内第一次通勤出行的目的地接近下一次工作通勤的出发地，下一次通勤出行的目的地接近第一次工作通勤的出发地。基于此，可以筛选出轨道交通通勤人群的出行链，并识别出通勤的出发地与到达地，即轨道交通通勤人群所对应的居住地与就业地。其处理流程如图 5-3 所示。

以北京市一个星期工作日的地铁早晚高峰刷卡数据为基础，匹配并提取每条记录的上下车站点名称。首先，设置每日早高峰的第一次上车站点为居住地，设置晚高峰的第一次上车站点作为工作地，维护一个以 ID 为键，以工作地和居住地出现次数为值的键值对。并根据识别规则，选择出现频次大于等于 3 次的键值对。若同一 ID 对应职住地出现频次相同且均出行 2 次，则随机选择一对职住地进行匹配。最后，依据 ID、职住地及早晚高峰时间，对通勤刷卡数据进行提取，构建轨道交通通勤数据集。最终从 3620541 个样本中识别出 1769260 个通勤样本及其对应的通勤刷卡记录。

（2）基于轨道交通通勤的北京职住空间集聚分析

就业和居住在城市空间上的聚集状况可以反映出城市功能布局和资源分布的合理性。而且，不同社会属性的群体在城市职住空间的分布上存在着较大差异，会在一定程度上影响对城市职住空间分离程度的判断。因此，为了更深层

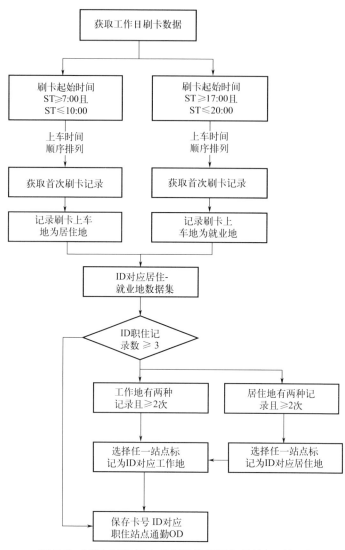

图 5-3　基于 AFC 刷卡的通勤数据及职住地识别规则

次地展现出北京城市工作者居住空间与就业空间的分离程度与相互关系，本书从轨道交通通勤角度出发，对北京通勤人群职住空间的聚集情况展开研究。由于普通城市工作者的居住地决定着通勤的源头，就业地决定着通勤的目标地。因此，基于通勤人群的潮汐特征，将早高峰进站站点与晚高峰出站站点视作居住区域，将早高峰出站站点及晚高峰进站站点视作工作区域，对居民的通勤流向、流量与乘坐区间进行统计分析。

通过对通勤区段早晚高峰进行统计可以发现，西二旗站在客流区间扮演着重要的角色，早/晚高峰的区间客流总量前五到达/出发站点均为西二旗站点，客流总量占早晚高峰客流总量的 2.73％。其来源以沙河、霍营、沙河高教园、回龙观、立水桥、朱辛庄为主，且分布较为均衡。其次，早/晚高峰的区间客流总量到达/出发站点较为突出的为五道口站点，但其总流量为西二旗总流量的 45.7％，其来源与西二旗站点较为吻合，主要为龙泽、沙河、回龙观，且分布较为均衡。丰台科技园至长阳区间段流量相对较大，但除此之外并未有其他流量较大的区间段以丰台科技园、长阳为出发/到达站点。将早高峰到达站点视作就业范围区域，出发站点视作居住范围区域，则可以发现，西二旗站点、五道口站点的就业流量极为突出，但其居住区域来源相对较为分散，且分布范围较广。其次，为了分析客流整体分布特点，对各站点早晚高峰通勤刷卡数据进行统计，通过对比可以明显发现，早高峰时期进出站客流分布与晚高峰时期进出站客流分布基本相同。因此，本书选择早高峰进站与晚高峰进站的通勤数据集，进行北京职住空间聚集分析。

从通勤居住地来看，居住人口郊区化特征明显。以北京主城区五环之内为内城，五环之外为外城来划分。北京主要通勤圈有以霍营、回龙观、龙泽、回龙观东大街及育新所组成的北部外环通勤圈，以北运河西、北运河东、通州北关、物资学院路、草房所组成的东部外环通勤圈，以天通苑北、天通苑南、天通苑、立水桥及立水桥南所组成的北部外环通勤圈，以宋家庄、成寿寺、刘家窑、蒲黄榆、十里河、方庄西所组成的南部内环通勤圈，以苹果园、古城、八角游乐园、玉泉路、五棵松所组成的西部内外环通勤圈。根据通勤人群的流动情况可以发现，在六环及六环外区域居住，到达五环内区域进行就业的通勤人群在整体上占比高达 17.6％，居住人口已明显向郊区偏移，且聚集空间呈片状分布。从地理分布上来看，北京内环南部和北部居住聚集程度差异较大，且北部聚集空间明显多于南部聚集空间。一部分原因是北部就业资源更为丰富，且较为分散，导致了居住聚集地内环向外环的挤压趋势，及居住空间在郊区的集中。中部地区内环向外环的拓展程度介于南北之间，从五环开始呈现出向外条带状集中的趋势。但从整体上来说，三环内通勤人群居住聚集区域较少，工作者由外城向内城方向的通勤已成为北京主要的通勤流量，也是导致北京交通拥堵的重要原因。

与居住聚集区域相反，就业聚集区域则呈现出高度聚集的多中心格局。北京形成的较大规模的就业区有以上地、西二旗所组成的北部外环就业聚集圈，以望京东、望京南、望京、东湖渠、将台、来广营所组成的北部外环就业聚集圈，以西直门、车公庄、阜成门所组成的中西部内环就业聚集圈，以东直门、东四十条、朝阳门所组成的中南部内环就业聚集圈，以海淀黄庄、中关村、苏州街、人民大学、知春里、五道口所组成的西北部内环就业聚集圈，以国贸、大望路、永安里、金台夕照所组成的中东部内环就业聚集圈。主要的就业集聚区域大部分位于长安街以北，呈现出明显的北重南轻的局势。虽然亦庄区域少部分站相对其他南部区域聚集明显，但在整体上并不突出。而在中心内环就业区域聚集明显，外环聚集区域也有向内发展的趋势。北京在就业空间上的集聚和增长态势表明了北京就业格局由单中心结构向多中心结构的转变。

（3）北京职住集聚空间错位分析

通过对职住空间聚集区域的分析，将居住聚集空间与就业聚集空间进行叠加，进一步观察北京职住空间的错位程度。

通过分析，北京居住与就业集聚区域在空间上仅有小部分重合，但对大部分居住与就业集聚区域在方向和位置上都存在着明显的不对等现象，反映出北京城市空间存在着较为严重的职住空间不匹配现象。其次，在聚集空间重合区域主要集中在西二旗所在的就业聚集区域与回龙观所在的居住聚集区域中。但是，通过早晚高峰通勤数据可以发现，虽然二者重合，但西二旗所在的就业聚集的通勤流量来源前五的分别为沙河、霍营、沙河高教园、回龙观、立水桥，来自本就业区域内部的客流量较少，从回龙观所在的居住聚集区域站点也没有明显的汇集趋势，客流量来源较为分散。相对地，从回龙观所在的居住聚集区域站点出发的流量的到达站点更为集中，主要流向西二旗、五道口、知春路三个区域，来自本居住聚集区域内部的流量更少。因此，虽然两个区域相距较近，在大范围区域上实现了较大程度的区域内部通勤，但在范围较小的聚集区域内部仍存在严重的职住不平衡状况，通勤流动较为严重。从整体上看，中部和北部就业与居住集聚区相对较多，南城仅居住集聚区相对较为明显，也在一定程度上反映出北京区域功能定位不同而造成的职住空间分布不均衡的现象。

整体看来，北京居住-就业空间两极分化与空间错位现象明显，就业空间的聚集程度大于居住空间聚集程度。而且，居住空间在城市发展中不断向外围扩展，而就业区域则相对集中，逐渐形成了职住地间相互联系但又相互分立的局面。

为了更好地观察居住聚集区域与就业聚集区域的联系，本书将相关区域通勤数据进行统计与可视化。从各居住聚集区域站点客流量排名前五的路线中可以看出，居住聚集区域到达区域多为邻近的就业聚集区域，且客流量较为集中。北部居住聚集区的就业到达站点以西二旗就业区、中关村就业区为主，东西部及南部居住聚集区以国贸就业区、朝阳门就业区为主。而各就业聚集区站点客流量排名前五的路线虽然较为分散，但与居住聚集区域路线趋势基本一致。中关村、西二旗就业区的通勤客流主要来源于回龙观以及沙河居住区周围，而望京就业区从南法信等顺义区站点流入客流较多，也有少部分客流来自天通苑居住区。东部地区多向国贸就业区与朝阳门就业区通勤。在整体上，北京职住空间的联系早已突破区县地域的限制，职住已经在更大范围上重塑着城市的空间结构，北京职住分离趋势较为明显。

5.2.3 职住空间类型识别

由于城市职住空间的平衡程度、职住分离程度以及区域流动程度相互作用，共同影响了城市职住分布与结构。本节基于城市轨道交通各站点的职住静态平衡特征与职住空间动态关联特征，采用 K Mcans 方法对城市轨道交通站点进行合理聚类，对其职住空间类型进行分析和识别。最后，结合轨道交通通勤数据，进一步挖掘各职住空间类型间的关联关系。

（1）轨道交通站点区域职住空间聚类方法构建

聚类分析是一种无监督学习过程，它以增大各组对象之间特征的差异，并同时减小组内对象之间特征的差异为目标，将对象集合分组为由相似属性对象组成的多个类别。而且，可以根据距离度量差异的大小。其中，最常用的是闵式距离（Minkowski distance）。设两点坐标样本 $x=(x_1,x_2,\cdots,x_n)$ 与 $y=(y_1,y_2,\cdots,y_n)$，p 为常数，则两点间的闵式距离具体公式如下：

$$D_{\text{Minkowski}}(x,y)=\Big(\sum_{u=1}^{n}|x_u-y_u|^p\Big)^{1/p} \tag{5-1}$$

当 p 为 1 时，得到绝对值距离，也叫曼哈顿距离（Manhattan distance）；当 p 为 2 时，得到欧几里得距离（Euclidean distance）；当 p 趋近于无穷时，得到切比雪夫距离（Chebyshev distance）。其表达式如下：

$$D_{\text{Manhattan}}(x,y)=\sum_{u=1}^{n}|x_u-y_u| \tag{5-2}$$

$$D_{\text{Euclidean}}(x,y)=\sqrt{\sum_{u=1}^{n}|x_u-y_u|^2} \tag{5-3}$$

$$D_{\text{Chebyshev}}(x,y)=\max|x_u-y_u| \tag{5-4}$$

K-Means 聚类算法是一种经典的聚类技术，在许多领域有着广泛的应用。该技术依赖于距离矩阵，一般使用平方欧氏距离作为质心与其相应簇的行向量之间的距离准则。由于 K-Means 聚类法在运算期间不需要全部计算出任意两个样本点之间的距离，因此，相对于其他聚类算法更易于执行且收敛速度更快。本书为了分析轨道交通站点职住空间特征的差异性，以站点职住空间静态平衡特征与动态关联特征作为指标，采用 K-Means 算法对站点进行聚类，其具体步骤如下：

① 选择 k 个聚类簇的初始聚类中心的值。

② 在算法相似度上使用欧几里得距离，对所有数据和每个聚类中心之间的距离进行比较，然后将其分配给最近的簇。

③ 重新计算该簇样本各个维度的平均值作为新的聚类中心。

④ 经过多次计算迭代可达到最优分类效果，结束聚类。

为了探究轨道交通站点区域的联系，依据静态平衡特征与动态关联特征测度结果对其进行分类，构建 K-Means 聚类算法模型。为了避免各变量间不同计算单位对聚类结果的影响，本书采用 Z-score 对原始数据进行标准化处理，则将站点区域集合 $\{x_1, x_2, \cdots, x_n\}$ 分为 k 簇的条件下，站点 x_i 的划分种类 $\mathrm{label}x_i$ 的公式如下：

$$\mathrm{label}x_i = \underset{1 \leqslant j \leqslant k}{\arg\min} \sqrt{\sum_{u=1}^{3} |x'_{i,u} - \mu_{j,u}|^2} \tag{5-5}$$

$$\mu_{j,u} = \frac{1}{|c_j|} \sum_{i \in c_j} x'_{i,u} \tag{5-6}$$

$$x'_{i,u} = \frac{x_{i,u} - \mu_u}{\sigma_u} \tag{5-7}$$

式中，$\mathrm{label}x_i$ 为站点区域 x_i 所属的分类簇；$\mu_{j,u}$ 为第 j 个分类簇的聚类中心特征值 u 的值；$x'_{i,u}$ 为标准化后站点区域 x_i 特征值 u 的值；$x_{i,j}$ 为站点原始数据；μ_j 为第 u 个特征值数据样本均值；σ_j 为第 u 个特征值数据标准差。

当 u 为 1、2、3 时，分别代表聚类中心的职住空间平衡特征测度值、职住空间通勤时间测度值以及职住空间总流动率测度值。

（2）轨道交通站点区域职住空间分类类型识别

基于北京职住空间平衡指数、通勤时间以及总流动率，采用 K-Means 聚类算法对北京轨道交通站点职住空间进行了聚类。由于 K-Means 聚类算法对于选取的簇数个数的敏感性较高，因此，需要选取合适的 k 值提升分类效果。由于聚类数目 k 需要提前设定，因此，为确定最佳聚类数目需要通过聚类检验指标来对比不同聚类数目下的差异。聚类评估指标较多，目前 SSE 和 Dunn 聚类检验指标使用较为广泛。因此，本书同时选用 SSE 和 Dunn 指标来确定最佳聚类数目。聚类的 SSE 可用来反映各簇样本之间的紧密程度，其公式如下：

$$\mathrm{SSE}_k = \sum_{j=1}^{k} \sum_{x \in C_j} |x - x_j|^2 \tag{5-8}$$

式中，k 为聚类数量；x 为第 j 个分类簇集合 C_j 中的样本；x_j 为第 j 个分类簇的中心点。随着 k 的增加，SSE 的数值也会快速降低，当 k 值达到合适的聚类中心时，k 的增加不会对 SSE 的数值带来较为明显的影响，数值会逐渐趋于平稳。因此，通常选取 SSE 曲线中最先达到平稳状态的 k 值作为最佳分类数。

Dunn 指标则在一定程度上表示了分类簇间相似度与分类簇内相似度的比值，当该值越大表示聚类数目越佳，聚类效果越好。其公式如下：

$$\text{Dunn} = \min_{1 \leqslant l \leqslant k} \left\{ \min_{j \neq i} \left(\frac{d_{\min}(C_i, C_j)}{\max\limits_{1 \leqslant l \leqslant k} d_{\max}(C_l)} \right) \right\} \quad (5\text{-}9)$$

式中，$d_{\min}(C_i, C_j)$ 表示第 i 个分类簇集合 C_i 中样本与第 j 个分类簇集合 C_j 中样本间距离的最小值；$d_{\max}(C_l)$ 为第 i 个分类簇集合 C_l 内部样本点间距离的最大值；k 为设定的样本簇的个数。

因此，为了确定最优的聚类数目，对构建的 K-Means 聚类算法，从 $k = 2$ 到 $k = 15$ 的 Dunn 指标和 SSE 指标进行了检验，各指标检验结果如图 5-4 所示。可以看出，当 $k = 9$ 时，Dunn 指标最大，SSE 指数也趋于平稳，故确定 $k = 9$ 为最优聚类数目。则在此条件下，K-Means 聚类算法最终聚类中心值转换为原始数值，如表 5-4 所示。

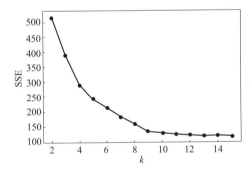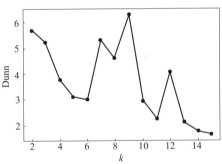

图 5-4　SSE 与 Dunn 变化

◆ 表 5-4　最终聚类中心

样本集	Clust0	Clust1	Clust2	Clust3	Clust4	Clust5	Clust6	Clust7	Clust8
X_1	0.11	0.3	0.22	8.2	0.51	1.14	2.55	2.27	1.83
X_2	0.71	0.24	0.5	1.42	0.7	0.49	0.69	0.56	0.98
X_3	42.95	47.47	44.73	33.75	37.42	33.11	34.66	40	33.42

为了方便地对分类站点的整体特征进行研究，本书在站点聚类的基础上，对分类簇的职住空间类型进行识别，进一步提取和整合不同分类簇在职住空间

上的特征。

职住空间类型一：典型聚集居住类型

典型聚集居住类型包括 Clust0 与 Clust2，该类型大部分站点职住平衡指数在 0.2 左右，属于职住严重失衡区域。而且，流动率在各分类中均处于较高水平，多为早上流出晚上流入站点，为通勤聚集居住地。有霍营、回龙观、天通苑等典型聚集通勤区，在地图中空间分布多以北部与东部区域为主，且呈条带状分布。站点职住空间分离程度较高，平均通勤时间在 45 分钟左右，顺义、天宫院等少部分站点平均通勤时间在 50 分钟以上，职住分离程度更为严重。

职住空间类型二：非聚集长通勤居住类型

非聚集长通勤居住类型包括 Clus1，该类型大部站点职住平衡指数在 0.4 以下，属于职住不平衡区域，但其不平衡程度略低于职住空间类型一。该类型区域虽然居住属性明显，但在地理位置上多散落在外围城区的地铁始发站处，有昌平西山口、顺义等区域，并没有大量人口流动聚集。其平均通勤时间大多在 50 分钟以上，职住分离现象最为严重。

职住空间类型三：典型聚集就业类型

典型聚集就业类型包括 Clus3，该类型大部分站点职住平衡指数在 3 以上，属于职住空间严重失衡类型。而且，其流动率在各分类中均处于较高水平，包含了西二旗、望京东苑在内的就业聚集站点。其地理分布较为集中，多位于中部与中北部，呈团状聚集。该类型站点区域职住分离程度较低，仅有望京东、丰台科技园等少部分站点区域有较长通勤时间，大部分地区平均通勤时间在 40 分钟以下。

职住空间类型四：偏居住聚集类型

偏居住聚集类型包括 Clust4，该类型的大部分站点有较高的流动率，职住平衡指数多处在 0.4～0.8 之间，属于职住不平衡且偏居住的区域空间类型。其通勤时间均值为 46 分钟，属于职住分离严重的长通勤站点。少部分如稻香湖路、郭公庄等站点，虽然职住静态平衡特征值处于 0.8～1.0 之间，但其通勤时间略长，也属于职住分离严重的高流动率区域。在城市地理位置上，该类型站点多处在三环以外，中部核心城区几乎没有。

职住空间类型五：职住平衡短通勤聚集类型

职住平衡短通勤聚集类型包括 Clust5，该类型的大部分站点有较高的流动率，且职住平衡指数处在 0.7～1.3 之间，主要集中在 0.9 左右，属于职住平衡区域。从职住分离程度上来看，平均通勤时间在 40 分钟以下，还未出现明显的职住分离现象。从整体来看，该类型站点区域就业与居住属性平衡发展，且可以在相对较短的通勤时间内完成通勤，属于较为理想的职住空间类型。在城市地理位置上多集中在三环至五环之间，没有明显的聚集。

职住空间类型六：偏就业聚集类型

偏就业聚集类型包括 Clust6 与 Clust8，该类型大部分站点职住空间的平衡指数值在 2 左右，属于职住不平衡且偏就业类区域。而且，其流动率在各分类中均处于较高水平，属于通勤聚集站点区域，且多为早上流入晚上流出站点。在城市中部地区分布较为集中，且呈团状聚集。站点区域平均通勤时间在 38 分钟左右，职住分离趋势并不明显。

职住空间类型七：偏就业长通勤类型

偏就业长通勤类型包括 Clust7，该类型的职住平衡指数多处在 1.5～2.5 之间，属丁职住不平衡且偏就业类型区域。其平均通勤时间均值为 47 分钟，属于职住分离严重的长通勤站点类型。以望京就业聚集区为主，在地理位置上多处在东部外围城区。

（3）职住空间分类间通勤流动特征分析

本书依据各站点间早高峰通勤样本及其对应的职住区域，绘制不同站点区域类型间客流分布与流动图如图 5-5 所示。

可以看出，除职住平衡短通勤类站点外，其余各类型站点最大流量的就业到达站点均为典型聚集就业类型站点。典型聚集就业类型占总体 8% 的站点数量，但聚集了 16.6% 的通勤流量，反映了北京就业资源集中程度较高，较少

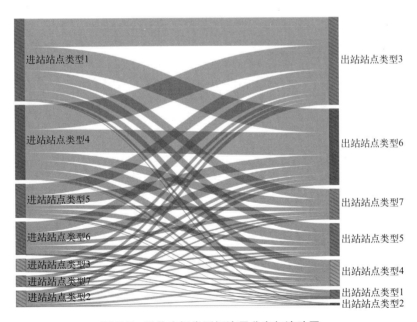

图 5-5　职住空间类型间流量分布与流动图

的区域占据了较多的就业流量。出发站点的类型则以典型聚集居住类型与偏居住聚集类型为主。虽然典型聚集居住区占据了18.3%的通勤出发流量，但其站点较多，且偏居住聚集类型站点也分摊了部分流量压力。将通勤出发站点视为居住区域，则可以发现北京居住资源虽然较为集中，但其程度低于就业资源。

从整体上看，典型聚集居住类型与典型就业类型联系最为密切，说明大量通勤人群从职住严重不平衡的居住区出发，到达职住严重不平衡的就业区进行通勤，进一步反映了北京职住资源分配存在一定的不合理性。

5.3 职住空间影响因素分析

5.3.1 职住空间影响因素模型构建

（1）职住空间影响因素分析

1）土地利用结构

城市土地利用结构的变化在一定程度上推动了城市职住空间的演变。在人口较少的城市中，单一中心的土地利用结构可以使大部分商业服务、公司企业功能汇集在中心区域，为城市资源集中利用及城市规划带来好处。但随着城市人口的快速发展，单一中心的土地利用结构则会压迫居住空间，使其向城市外围移动，也会迫使城市外围的农村向郊区移动。这不仅会导致城市职住空间分离程度的加深，也会给城市公共交通带来很大压力。为缓解此类现象，国内外大城市逐渐采取多中心的城市发展模式与土地利用结构，将职住资源在城市空间中更加合理地进行分配。这不仅可以降低居民出行的通勤成本，也可以在一定程度上缓解道路交通的压力，进而促进城市空间的平衡发展，为可持续发展拓宽道路。

2）产业发展

城市产业的布局与发展对城市空间结构有着重要影响。由集群效应可知，在一定区域内的公司企业会通过不同程度与规模的合作分工，来共同促进效率的提升、成本的降低、收益的增加。这使该区域内各个公司企业基于复杂的关系网络，将与其发展相关的机构、公司、组织紧密地联系起来，逐渐形成一种空间经济组织形式。相应地，城市经济也随着这种产业集群的不断出现而快速发展。不断涌现的技术园区、产业基地等区域，也会使得就业人口的集聚以及居住空间缩小。在到达一定程度之后，这些区域会转变为纯就业用地区域，职住空间严重不平衡，而且对早晚高峰时期的交通道路和公共交通造成极大的负担。

3）交通建设

交通的便捷性、可达性、路网及轨道交通的畅通程度，是居民在选择职住地时的重要参考因素之一，因此，交通建设对职住空间的平衡性及分离程度有着重要影响。一方面，交通状况在城市的发展上起着制约作用，较少的公共交通资源、拥堵的道路交通、复杂的换乘等都会在一定程度上增加居民的出行与通勤时间，从而拉长了就业地与居住地在时空上的距离，导致城市职住分离程度不断加深。而在另一方面，丰富便捷的公共交通资源、合理的路网规划、简单快速的换乘设计等，可以极大地缩减居民的出行与通勤时间，加强各区域间的时空联系，从而满足居民出行的需求，降低城市职住空间的分离程度，引导着城市可持续发展。

4）住房供给

随着国内住房市场的稳步发展，人们可以自由地在城市内进行居住区位的选择。居民可以在充分参考不同区域居住成本及交通成本差别的基础上，根据自己的需求和经济实力选择居住地，以此来达到效用最大化。随着住宅市场不断商品化，价格作为住宅的主要参考因素之一，其差异化现象也日益严重。一般来说，容积率高、区位环境较好、交通便捷和公共服务设施密集的地段价格就会越高。在这种制约下，虽然工作者通常倾向于选择靠近就业区域周围的住宅，但在经济状况与生活质量的不断权衡中，大部分工作者仍会选择在地段相对较差，但交通较为便捷的区域居住，而这进一步加剧了职住空间的不平衡性以及分离程度。

5）公共服务设施

公共服务设施在城市空间中的合理配置，对人们居住水平的提高有着较大的影响。人们在进行居住区位的选择时，完善的公共服务设施也对其具有较强的吸引力。教育、医疗、文化、体育等设施在该区域的配置水平，逐渐成为影响居住区位选择的主要因素之一。从就业角度出发，丰富的公共服务设施资源也可以提供大量的就业机会，这在一定程度上促进了区域职住属性的共同发展，也为缓解职住空间的不平衡性提供了可能。

（2）模型变量选择与站点缓冲区构建

1）变量选取

基于对职住空间影响因素的分析及对文献的研究总结，本书从居住供给、公司产业发展、土地利用结构、公共服务设施、交通功能入手，探究各影响因素对职住空间类型的作用关系。分别选取各影响因素的量化指标作为自变量，将职住空间类型的识别结果作为因变量进行研究，各指标详情如表5-5所示。

类别		变量名称	变量描述
自变量	居住供给	H_1	住宅数量，单位取 1 个
		H_2	平均房价，单位取 1000 元/m²
		H_3	小区平均容积率
	公司产业发展	C_1	公司企业数量，单位取 10 个
		C_2	产业混合度
	土地利用结构	B_1	生活娱乐服务数量，单位取 10 个
		B_2	金融商务服务数量，单位取 1 个
		B_3	用地混合度
	公共服务设施	S_1	医疗资源数量，单位取 1 个
		S_2	教育资源数量，单位取 1 个
	交通功能	T_1	公交站点数量，单位取 1 个
		T_2	停车场数量，单位取 1 个
因变量	职住空间类型	P_1	是否为职住类型一，是为 1，否为 0
		P_2	是否为职住类型二，是为 1，否为 0
		P_3	是否为职住类型三，是为 1，否为 0
		P_4	是否为职住类型四，是为 1，否为 0
		P_5	是否为职住类型五，是为 1，否为 0
		P_6	是否为职住类型六，是为 1，否为 0
		P_7	是否为职住类型七，是为 1，否为 0

居住供给因素可以通过居住小区的住宅数量、平均房价以及平均容积率，从侧面反映出该区域居住的聚集程度、物业发展及区位水平，也是人们在进行居住空间选择时的重要考虑因素。

其中，以房源数据为原始数据集，站点可达范围内的住宅数量为 $H_{i,1}$，则第 i 个站点辐射范围内的平均房价 $H_{i,2}$ 公式如下：

$$H_{i,2} = \frac{\sum_{a=1}^{H_{i,1}} Pr_a}{H_{i,1}} \tag{5-10}$$

式中，Pr_a 为在站点辐射范围内第 a 个住宅每平方米的均价。

小区的平均容积率 $H_{i,3}$ 的公式如下：

$$H_{i,3} = \frac{\sum_{a=1}^{H_{i,1}} P_a}{H_{i,1}} \tag{5-11}$$

式中，P_a 为在站点辐射范围内第 a 个居住点的容积率，即住宅所在小区的地上建筑总面积与净用地面积的比值。

在产业发展因素中，公司企业的空间分布对城市发展有着重要影响。公司企业数量可以直接反映该区域就业属性的发展程度，而公司的注册总资本则可以反映出该区域就业功能在整体空间中的重要程度。从产业角度来说，产业的聚集效应会对职住空间结构产生较大影响。区域内不同产业的混合程度，可以反映出产业分布的均衡性，以及该区域内主导产业的聚集程度。因此，本书结合公司数量与公司企业混合度评估职住空间公司企业的发展和聚集程度。

本书结合区域各个行业公司的数量及注册资本，对信息熵公式进行变形，对区域内产业混合度进行计算。当混合度越低时，该区域主导产业聚集越严重，则第 i 个站点辐射范围内产业混合度 $C_{i,1}$ 计算公式如下：

$$C_{i,1} = -\frac{\sum\limits_{j=1}^{N_i} R_{i,j} \ln(R_{i,j})}{\ln(N_i)} \tag{5-12}$$

$$R_{i,j} = \frac{\sum\limits_{a=1}^{N_{i,j,a}} C_{i,j,a}}{C_i} \tag{5-13}$$

式中，$C_{i,1}$ 为在第 i 个站点研究范围内公司企业的数量；$R_{i,j}$ 为第 i 个站点第 j 个公司企业的注册资本。

土地利用因素主要包括土地开发强度和土地利用混合程度。在用地建设中，职住空间配套服务设施的完善程度对就业与居住区域的选址有较大影响，主要包括生活娱乐服务设施及金融商务服务设施。生活娱乐服务设施指标采用站点辐射范围内的美食、购物、休闲娱乐等设施数量之和 B_1 来衡量，金融商务服务设施特征采用站点缓冲区内的保险、金融、银行等设施数量之和 B_2 来衡量。

土地利用混合度至今没有统一的评价指标与方法。在现有的研究中，大部分基于熵指数等构造函数，或是基于商业、娱乐、居住等设施数量来计算或表征土地混合程度。本书采用居住、生活娱乐设施、公共服务设施与各商业设施占地面积的熵指数值，并结合信息熵函数，构造土地混合程度函数来衡量土地利用混合度，并将其作为评判区域内设施功能综合程度的依据。则站点职住空间区域 i 的第 j 种土地利用类型占该区域土地总面积的比例 $P_{i,j}$ 计算公式如下：

$$P_{i,j} = A_{i,j}/A_i \tag{5-14}$$

式中，$A_{i,j}$ 是站点区域 i 的第 j 种土地利用类型的总面积；A_i 是站点区域 i 的土地利用总面积。$P_{i,j}$ 数值越大，表示第 j 种土地利用类型在区域空

间 i 中出现的可能性越大。其中，商业类 POI 的用地面积参考中国现行的零售业态分类标准（GB/T 18106—2021）来获取。剩余类型用地面积参考《城市公共服务设施规划标准》与国家基础地理信息中心的检测成果数据。因此，基于信息熵函数的土地利用功能混合度 $S_{i,3}$ 计算公式如下：

$$S_{i,3} = -\sum_{j=1}^{n} P_{i,j} \ln(P_{i,j}) \tag{5-15}$$

式中，$S_{i,3}$ 为站点 i 区域的土地利用混合度，其数值大小反映了缓冲区范围内不同土地利用功能的混合程度，$S_{i,3}$ 值越大则土地利用均衡程度越高。

公共服务设施作为城市社会经济活动正常运行的保障机制，其配置水平可以反映出区域的便利性与功能的完善程度。在人们对居住地或公司企业进行选址时，区域内的自然资源、教育资源等公共设施也会作为重要的考虑因素，从而间接影响了该区域内职住空间的发展。在众多公共服务设施中，教育资源与医疗资源在选址时的影响尤为重要。因此，选取缓冲区内教育资源数量 S_1 与医疗资源数量 S_2 作为公共服务设施的量化指标。

在交通功能方面，其建设水平的高低对职住空间的分离程度以及居民的出行需求有着至关重要的影响。而在轨道交通站点辐射范围内，除步行外主要考虑公共汽车与私家车的接驳到达就业或居住区。因此，分别采用区域公共汽车站点数量 T_1、停车场数量 T_2 两个指标来量化交通因素对职住空间类型产生的影响。其数据来源于站点辐射范围内公交站点及停车场数量的兴趣点个数。

2）轨道站点缓冲区范围选取

工作和居住属性在一定区域范围内总是会达到平衡的状态，但是在一个相对的区域范围内则会出现工作和居住属性之间的失衡，产生一定的职住偏向性。在城市总体层面上，职住空间特征可以利用多源数据来描述。但在交通站点层面上，在对职住空间进行测度时，则需要先将站点区域多源数据离散化后进行分析。其中，轨道交通层面测度所涉及的影响范围被定义为轨道交通站点的缓冲区。

通过对国内外文献的研究可以发现，确定合理的站点区域影响范围对其模型的研究结果有着至关重要的影响。国际上，站点的缓冲区通常以站点为圆心，由最大步行距离或大部分乘客步行到达的区域来绘制圆形服务范围。然而，目前对于如何确定站点缓冲区影响范围的方法还没有统一的结论。每个学者根据研究内容的不同，对缓冲范围的界定有不同的看法，从而设立不同的缓冲半径。Jun 和 Choi 采用多个阈值，对首尔轨道交通站点设立了不同圈层的缓冲区，并将其影响范围分为核心区域、重点区域以及次级区域，对不同区域的影响因素进行分析。Sohn 等则直接使用 500m 作为首尔地铁站的缓冲区半径。Zhao 等为研究影响中国地铁客流量的影响因素，以站点周围 800m 缓冲圈作为研究范围，对人口、教育建筑、娱乐场所和购物中心等因素进行计算分析。陆锡明等基于土地开发模式及其利用功能，提出轨道交通站点缓冲区的"轨站四圈法"，由内至外分别设立顶盖开发圈层、入口周边开发圈层、直接服务区开发圈层以及影响区开发圈层，其半径分别为 100m、300m、600m、3000m。

为推动公共交通导向的城市发展模式，有效规划城市轨道交通周边区域的建设，住房城乡建设部在《城市综合交通体系规划标准》中规定："城市轨道交通站点周边 800m 半径范围内应布设高可达、高服务水平的步行交通网络"。我国也出台了《城市轨道交通区域规划设计导则》，明确了站点缓冲区的类型及其影响半径。其中，站点核心区域范围为 300～500m，影响区域范围约为 15min 可步行到达的 500～800m。综合以上研究及规定，本书设置轨道交通站点缓冲区半径为 800m，即站点周围 800m 内各影响因素对职住空间类型的作用。

3）模型选取与构建

回归分析是研究职住空间影响因素时的常用方法。由于普通线性回归模型无法解决无序多分类变量问题，而多项 Logistic（Multinomial Logistic，MNL）回归模型作为一种随机效用模型，可以很好地弥补这一缺点，对三种及三种以上的无序多分类变量进行建模。而且，多项 Logistic 回归模型概念清晰、建模速度快，可以根据系数给出每个自变量对不同因变量的影响程度，已经广泛应用于医学、交通、职住等多方面的研究中。考虑到本书中以 7 种职住空间类型的离散变量作为因变量，采用多项 Logistic 回归模型进行建模分析。

由于多项 Logistic 回归模型使用简单二分类 Logit 模型，对研究个体在不同选项间的决策进行约束。因此，模型需要设置参照类型，则第 i 个研究个体被划分到第 j 种分类的可能性的计算公式如下：

$$P(x_{i,j}) = \begin{cases} \dfrac{1}{1+\displaystyle\sum_{m=2}^{n} \exp^{\sum(x_i\lambda_m)}}, & j=1 \\[4mm] \dfrac{\exp(x_i\lambda_m)}{1+\displaystyle\sum_{m=2}^{n} \exp^{\sum(x_i\lambda_m)}}, & j=2,3,\cdots,n \end{cases} \tag{5-16}$$

式中，$x_{i,j}$ 表示个体 i 被归类为第 j 个类型；m 为因变量个数，即分类类型个数；λ_m 为个体 i 所对应的解释变量 x_i 类别的回归系数。

为了探究导致不同职住空间类型不平衡及分离的主要影响因素，为城市发展提出更为合理的建议，本书采用多项 Logistic 回归模型，将职住空间类型五，即职住平衡短通勤聚集类型定义为理想职住空间类型，并作为对照组进行建模。将典型聚集居住类型（职住空间类型一）、非聚集长通勤居住类型（职住空间类型二）、典型聚集就业类型（职住空间类型三）、偏居住聚集类型（职住空间类型四）、偏就业聚集类型（职住空间类型六）、偏就业长通勤类型（职住空间类型七）分别与对照组进行比较，构建模型如下：

$$\text{Logit}(P_i/P_5) = \lambda_{i1}H_1 + \lambda_{i2}H_3 + \lambda_{i3}H_2 + \lambda_{i4}C_1 + \lambda_{i5}C_2 + \\ \lambda_{i6}B_1 + \lambda_{i7}B_2 + \lambda_{i8}B_3 + \lambda_{i9}S_1 + \lambda_{i10}S_2 + \\ \lambda_{i11}T_1 + \lambda_{i12}T_2 + \beta_i, \quad i = 1,2,3,4,6,7 \tag{5-17}$$

式中，$\text{Logit}(P_i/P_5)$ 为地区倾向职住类型 i 的概率与倾向职住类型五概率相比较下的自然对数。在研究范围内统计自变量，H_1 为小区数量，H_2 为研究范围平均房价，H_3 为研究范围小区平均容积率，C_1 为公司企业数量，C_2 为产业混合度，B_1 为生活娱乐服务设施数量，B_2 为金融商务服务设施数量，B_3 为用地混合，S_1 为医疗资源数量，S_2 为教育资源数量，T_1 为公交站点数量，T_2 为停车场数量，λ_{ij} 为第 i 个模型中第 j 个变量系数（其中 $i=1,2,3,4,6,7, j=1,2,\cdots,12$），$\beta_i$ 为第 i 个模型的常数项。

为了更好地对模型计算结果进行评估，本书引入统计量指标对数似然比率（Likelihood Ratio，LR），其公式如式(5-18) 所示。若 LR 所得值小于给定显著水平下的卡方分布值，则可以认为回归模型所得系数有较大的可能性全部为零，大于卡方分布值则相反。且为了从整体上检验模型的拟合优度，引入决定系数伪 R^2，其公式如式(5-19) 所示，其值越大则认为模型有越好的拟合优度。

$$\text{LR} = -2\ln\frac{L(0)}{L(\hat{\beta})} = -2[\ln L(0) - \ln L(\lambda)] \tag{5-18}$$

$$\text{Pseudo}R^2 = 1 - \frac{\ln L(\lambda)}{\ln L(0)} \tag{5-19}$$

5.3.2 北京职住空间影响因素模型计算与结果分析

(1) 北京职住空间影响因素模型计算

1) 变量共线性检验

本书以站点缓冲区内住宅数量、小区平均容积率、平均房价、公司企业数量、产业混合度、生活娱乐服务数量、金融商务服务数量、用地混合度、医疗资源数量、教育资源数量、公交站点数量、停车场数量作为对职住空间的影响因素进行研究。在构建模型前，为了避免由于模型变量间存在多重共线性，而对回归模型的结果产生影响，本书运用膨胀因子（Variance Inflation Factor，VIF）对各变量进行检验。通常所有变量所对应的膨胀因子 VIF_i 均小于 5 时，可以认为不存在严重的多重共线性，其计算公式如下：

$$VIF_i = \frac{1}{1-R_i^2} \tag{5-20}$$

对职住空间影响因素模型中的变量进行多重共线性检验，其膨胀因子如表 5-6 所示，模型变量膨胀因子均值为 2.44，且均在 5 以下，可以认为变量之间不存在严重的多重共线性问题。

◆ 表 5-6　变量膨胀因子

变量	H_1	H_2	H_3	C_1	C_2	B_1	B_2	B_3	S_1	S_2	T_1	T_2
VIF	2.245	1.128	3.714	2.419	1.266	3.379	2.374	1.454	2.53	3.944	2.13	1.224

2）模型拟合度检验

职住空间影响因素模型以职住平衡短通勤聚集类型的职住空间类型五作为其他职住空间类型的参照，使用构建的多项 Logistic 回归模型进行计算。首先，对模型的显著性进行判断，根据模型拟合信息判断模型是否有意义。由表 5-7 中可以看出，模型中的 Sig. 值为 0，说明建立的多项 Logistic 回归模型有效。

◆ 表 5-7　模型拟合信息表

模型	模型拟合条件 - 2 对数似然	似然比检验卡方	df	Sig.
仅截距	1026.259			
最终	657.761	368.498	60	0

如表 5-8 所示，模型中的 McFadden R^2 值为 0.459，建立的多项 Logistic 回归模型拟合程度较好。

◆ 表 5-8　模型拟合度表

R^2	数值
Cox 和 Snell	0.541
Nagelkerke	0.621
McFadden	0.459

对模型进行参数估计，模型参数估计的结果如表 5-9 所示。根据表中影响系数和显著性水平，研究各职住空间影响因素对不同职住空间类型的影响程度。

◆ 表 5-9　模型计算结果

参数		P_1	P_2	P_3	P_4	P_6	P_7
居住供给	H_1	1.8***	-0.78**	0.1	0.36**	-0.25**	-0.42**
	H_2	-0.55	17.28*	2.46**	-1.95**	0.19*	8.1*
	H_3	-0.19*	-0.17	0.01	-0.17***	0.01	-0.1
公司产业发展	C_1	0.02*	-0.15*	0.31**	0.01	0.11*	0.01
	C_2	-3.7**	7.82***	1.47*	4.02**	2.6**	1.68
土地利用结构	B_1	0.06	-0.11*	0.05**	-0.01	0.01	-0.15**
	B_2	-0.24	0.21	0.21***	-0.26	0.21***	0.27***
	B_3	-0.27**	0.7	-2.86*	-2.58	-1.83*	-4.72*
公共服务设施	S_1	-0.16**	-0.32**	0.03	-0.11**	0.01	0.03
	S_2	0.47**	0.43**	-0.19*	0.31***	0.07	0.02
交通功能	T_1	2.33***	1.48	-2.03**	1.2*	0.42	0.46
	T_2	-0.17**	0.03*	0.05	0.04	0.04*	0.05

注：　*** 表示在 0.01 水平下显著，　** 表示在 0.05 水平下显著，　* 表示在 0.1 水平下显著。

（2）北京职住空间影响因素结果分析

1）典型聚集居住类型与职住平衡短通勤聚集类型参照

$$\text{Logit}(P_1/P_5) = 31.8 + 1.8H_3 - 0.19H_3 + 0.02C_1 - 3.7C_2 - $$
$$0.27B_3 - 0.16S_1 + 0.47S_2 + 2.33T_1 - 0.17T_2$$

$$(5\text{-}21)$$

结合回归模型公式（5-21）的影响因素系数可以发现，对典型聚集居住类型影响较大的变量主要为公交站数量、住宅数量、产业混合度、教育资源以及用地混合度。住宅数量的增加、教育资源的聚集、交通便利性的提高，会导致该类型区域职住不平衡与分离的程度加深。而容积率则相反，住宅空间与绿化空间的相对宽松，对区域职住空间的改善有促进作用。在公司产业发展方面，公司企业数量的提高对典型聚集居住类型的偏向性影响相对较小，而产业混合程度的反向作用较为突出，说明在该区域中引入多种产业类型的公司，可以在一定程度上抵消公司企业数量增加所带来的影响，更有助于促进典型聚集居住类型区域职住空间的平衡性。

2）非聚集长通勤居住类型与职住平衡短通勤聚集类型参照

$$Logit(P_2/P_5) = -14.05 - 0.78H_1 + 17.28H_2 - 0.15C_1 +$$
$$7.28C_2 - 0.11B_1 - 0.32S_1 + 0.43S_2 + 0.03T_2$$
$$(5\text{-}22)$$

通过回归模型公式(5-22)可以发现，非聚集长通勤居住类型的房价、产业混合度、住宅数量以及相关公共服务资源，对区域平衡程度及职住分离程度有较大影响。在居住供给因素中，房价的正向作用最为明显。通过原始数据可以发现，非聚集长通勤居住类型站点区域的房价在整体处于较低水平，对其类型的偏向性有着促进作用。在公共资源上，医疗设施资源与教育设施资源均整体处于较低水平，但二者却有相反的影响作用，这可能是由于在该类型区域中，教育资源所带来的居住吸引力要强于医疗资源。同时回归结果表明，在公司产业发展方面，引入相同或相似产业的公司企业，使区域形成一定程度的产业聚集趋势，对改善该区域职住不平衡且分离严重的状况有较大的促进作用。

3）典型聚集就业类型与职住平衡短通勤聚集类型参照

$$Logit(P_3/P_5) = -53.71 + 2.46H_2 + 0.31C_1 + 1.47C_2 +$$
$$0.05B_1 + 0.21B_2 - 2.86B_3 - 0.19S_2 - 2.03T_1$$
$$(5\text{-}23)$$

结合公式(5-23)中影响因素的系数可以发现，与职住平衡短通勤的职住空间类型五相比，典型聚集就业区中的用地混合度、房价、公交站数量、产业混合度、公司企业数量对该类型区域平衡程度及职住分离程度有显著影响。其中，产业混合度、公司企业数量与房价作为正向较高系数的影响因素，反映了该区域产业的分散与公司企业的聚集对区域就业属性提高的促进作用，从而加剧职住空间的不平衡性。另一方面，房价的上升又阻碍了其居住属性的提高，使区域职住空间平衡性进一步恶化。同理，用地混合度与公交站数量作为较大负系数的影响因素，说明用地的丰富与公共交通的建设可以有效改善区域职住空间。公共交通的发展意味着区域出行便利程度和可达性的提高，用地的丰富包括了区域配套设施的完善和用地功能的多样化，二者的优化调整对该区域职住不平衡且分离严重的状态的改善有显著影响。

4）偏居住聚集类型与职住平衡短通勤聚集类型参照

$$Logit(P_4/P_5) = 31.01 + 0.36H_1 - 1.95H_2 - 0.17H_3 +$$
$$4.02C_2 - 0.11S_1 + 0.31S_2 + 1.2T_1$$
$$(5\text{-}24)$$

通过模型计算结果公式(5-24)可以发现，对偏居住聚集类型影响最大的显著因素主要有住宅数量、房价、公交站数量、产业混合度、学校数量。在居住供给因素中，房价因素作用最为明显。通过原始数据可以发现，该类型区域的房价整体处于中低水平，且教育资源丰富，交通较为便利。在这些因素的综合作用下，该职住空间类型的居住属性更为突出。但由于该职住空间类型的区域大部分与许多公司企业相邻，且内部服务设施配置较为丰富，提供了较多的就业岗位，这在一定程度上缓解了其职住不平衡性和分离程度，使得该类型区域虽明显偏向居住属性，但未出现极端职住不平衡的现象。在公司产业发展上，产业混合度的影响最为明显。区域内产业聚集程度的提高，可以明显改善该类型区域职住不平衡且分离严重的状况。

5）偏就业聚集类型与职住平衡短通勤聚集类型参照

$$
\begin{aligned}
\text{Logit}(P_6/P_5) = &\ 4.9 - 0.25H_1 + 0.19H_2 + 0.11C_1 + \\
&\ 2.6C_2 + 0.21B_2 - 1.83B_3 + 0.04T_2
\end{aligned}
\tag{5-25}
$$

通过回归模型公式(5-25)可以发现，偏就业长通勤类型职住空间的住宅数量、产业混合度和用地混合度对其职住平衡与分离程度有显著影响。其中，公司产业发展因素表现最为明显。多种产业的发展会导致区域职住失衡的加剧，因此，该类型区域产业的集中与聚集可以在一定程度上促进职住空间平衡性的提高。另外，从土地利用与居住供给角度来说，除保险金融设施以外的服务设施的引入、住宅用地的扩大，都有利于土地利用率和功能丰富度的提高，进而改善该区域职住失衡与分离的状况。

6）偏就业长通勤类型与职住平衡短通勤聚集类型参照

$$
\text{Logit}(P_7/P_5) = 26.97 - 0.42H_1 + 8.1H_2 - 0.15B_1 + 0.27B_2 - 4.72B_3
\tag{5-26}
$$

结合公式(5-26)中各影响因素的系数可以发现，对偏就业长通勤区类型影响较大的因素指标主要为房价、住宅数量、金融商务服务数量以及用地混合度。该类型区域的房价大部分处于较高水平，且公司企业数量远超住宅数量，在很大程度上导致了该区域职住空间向就业属性倾斜。在土地利用结构上，生活娱乐设施及住宅用地的增加会提高土地功能丰富程度和混合程度，也会极大缓和偏就业长通勤类型区域的职住不平衡及分离状况。但在该区域保险金融设施的进一步发展则会加剧职住空间对就业属性倾斜。

5.3.3 北京职住空间调整方法及应用

基于轨道交通通勤的职住空间调整流程：

通过上一节发现，北京市不同站点区域的建成环境和宏观社会经济因素在职住空间类型上存在差异。因此，本书根据模型回归结果，提出基于轨道交通

数据驱动下的大型城市功能
与客流协同优化研究

通勤的职住空间调整流程，对站点职住空间的区域发展进行分析与建议，为城市规划决策提供更有针对性的建议。其职住空间调整的具体流程主要分为三个步骤，即调整区域选择、调整区域职住空间现状分析、基于模型回归结果的调整指标选取及策略建议，如图 5-6 所示。

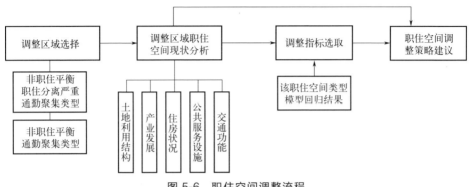

图 5-6　职住空间调整流程

1）调整区域选择

通过本书第 4 章对于职住聚集区域以及站点职住空间类型的分析结果，将处于职住聚集区域且为非职住平衡的长通勤聚集类型的站点区域作为需要进行职住空间调整的一级区域，将其余非职住平衡的通勤聚集类型站点区域作为需要进行职住空间调整的二级区域。

2）调整区域职住空间现状分析

结合职住空间影响因素研究，对需要调整的区域的土地利用结构、产业发展、住房状况、公共服务设施及交通功能现状进行分析。考虑到不同站点职住空间在区域功能与发展上存在的差异，在规划过程中也需要因地制宜，根据其不同的发展与用地现状，采取更有针对性的调整方法。为了更好地分析站点不同影响因素在整体范围内的发展程度，需要在调整指标选取之前对各指标进行等级的划分。根据 25 分位（下四分位）、50 分位（中位）、75 分位（上四分位）将各指标划为四个等级，等级越低表明该站点区域的此属性在整体职住空间中处于较低水平，为调整指标与调整方向的选取打下基础。

3）基于模型回归结果的调整指标选取及策略建议

职住平衡与职住分离是由许多因素综合作用形成的问题，本节基于 5.3.2 小节对职住空间影响因素回归模型计算分析结果，选取不同职住空间类型的主要调整指标。然后，结合上一步骤中的现状分析，提出职住空间区域用地与发展的调整建议，为以公共交通导向的城市发展模式提供参考建议。

小结

① 从城市轨道交通通勤角度出发，对北京职住空间聚集分布特征以及错位程度进行分析。结果表明，在居住聚集空间上，北京居住区域已出现明显的郊区化现象，且内城南北居住聚集差异较大，呈现南部聚集强于北部聚集的特点。而就业聚集空间则相反，在内城呈现出多中心高度集聚的态势。将职住聚集空间叠加分析发现，北京城市空间存在较为严重的居住和就业空间不匹配现象。

② 结合静态平衡特征与动态关联特征对北京职住空间进行测度与分析，并在此基础上，对北京轨道交通站点的职住空间进行聚类与识别。在静态平衡特征上的结果表明，北京职住空间不平衡现象较为严重。在动态关联特征上，通过对轨道交通通勤数据在时空上的挖掘，发现北京研究区域内有接近一半的区域出现了职住分离现象，且北京外城区域职住分离现象更为明显。依据测度结果对站点职住空间进行聚类与识别，发现职住平衡度较高且通勤时间较短的类型区域集中在三环至五环之间，且典型聚集居住类型与典型聚集就业类型通勤联系最为密切，这反映出北京职住资源分配存在一定的不合理性。

③ 从宏观社会经济及建成环境角度入手，对土地利用结构、产业发展、住房状况、公共服务设施和交通建设五个影响因素对职住空间的影响进行分析，并基于分析结果提出职住空间调整流程。首先，在多项 Logistic 回归模型的基础上构建了职住空间影响因素模型，分析了影响不同职住空间类型不平衡以及职住分离的主要因素。发现不同区域类型间主要影响因素指标差别较大：典型聚集居住类型的主要影响因素为公交站数量、住宅数量、产业混合度，非聚集长通勤居住类型的主要影响因素为房价、产业混合度、住宅数量，典型聚集就业类型的主要影响因素为地混合度、房价、公交站数量，偏居住聚集类型的主要影响因素为住宅数量、房价、公交站数量。偏就业长通勤类型的主要影响因素为房价、住宅数量以及用地混合度，偏就业聚集类型的主要影响因素为住宅数量、产业混合度和用地混合度。其次，根据回归结果提出了基于轨道交通通勤的职住空间调整流程，通过调整区域选择、调整区域职住空间现状分析、基于模型回归结果的调整指标选取及策略建议三个步骤对职住空间进行更精细化的调整。

*数据驱动下的大型城市功能
与客流协同优化研究*

第6章

地铁站点影响域内用地-客流互动机理研究

地铁已被证实在城市资源空间分布、引导和再配置方面有着重要作用，地铁站点作为人流和城市资源汇聚的节点，不同类型、规模、业态的城市基础设施围绕地铁站点展开，形成了多样化的地铁站点影响域。地铁站点客流主要来源于地铁站点影响域内各类用地单元，地铁站点影响域用地属性、强度的差异会对不同时段地铁站点客流产生不同的影响效果。地铁站点影响域内用地对站点不同时段客流影响机理的研究，是地铁运营计划、城市规划、地铁建设规划等工作的重要支撑，同时本章研究内容也为第7章地铁站点影响域用地多目标优化的客流优化目标构建打下基础。

6.1 用地-客流互动机理研究现状

目前，城市轨道交通被广泛认为是全球主要大都市首要发展的公共交通模式，其优点很多，但缺点也十分明显，那就是造价极高，修建之后基本定型，难以再对其更改，所以在地铁修建时，客流量需求预测对地铁前期的修建规划而言至关重要，地铁站点影响域用地对地铁站点客流的影响又是客流量需求预测的关键环节。长久以来，各国研究人员已经开发了众多模型对地铁站点客流需求进行预测，其中广泛应用的包括四阶段法以及基于个人行为、心理、活动进行分析的模型。此类通用模型在对政策支持方面有较强的优势，但其弱势也十分突出，即其计算成本高、对地铁站点周边用地不敏感，需要的数据量太大且通常而言准确率较低。针对四阶段法存在的问题，直接预测法越来越多地被应用于地铁站点客流需求预测研究中。

6.1.1 基于多元回归的直接预测法

基于多元回归的直接预测法逐渐成为复杂的四阶段法模型的替代方案。直接预测法可以理解为一个以车站客流量为因变量，车站及其周边特征作为自变量的多元回归模型，与传统四阶段模型相比，其体现出使用简单、易于解释以及运算成本低的优势，大多数决策者可以依托此类方法建立快速响应模型，并获得优秀结果。在马德里、首尔以及美国的一些城市，已有大量直接预测模型用于地铁站点客流预测，并且此类模型能够在一定程度上解释地铁站点周边用地中影响地铁客流量的因素。王亚洁等利用多元回归方法，研究了北京市地铁站域内土地强度、混合度、可达性三个要素与地铁站点客流以及地铁 OD 客流之间的互动关系。从站点客流来看，基本遵循强度越大客流越大的规律，但混合度对客流的影响并未体现出较强关联；从 OD 客流来看，强度要素与 OD 客流呈明显的正向关系，提升站间用地混合度能够显著提升 OD 客流，特别是就业属性用地的差异对 OD 客流影响更为明显。高德辉等采用开发强度、混合用地、慢行交通环境、公共交通可达性和可获得性等变量，刻画城市轨道交通 TOD 建成环境的 5D 特征，利用多尺度地理加权回归算法研究了 TOD 建成环境对早高峰出站客流影响的空间特征，其研究表明 TOD 建成环境在早高峰对客流的影响效果随着区域差异而呈现出不同的影响效果，郊区 TOD 建成环境强度和规模的增加对客流的影响十分明显，而城市核心区则较难通过提高用地规模和强度改善客流。马超群等将日客流量，早高峰进、出站客流量，晚高峰进、出站客流量 5 个客流指标作为因变量，将用地性质、开发强度等 12 个指标作为自变量，利用 PLSR 方法建立了客流回归模型，其研究结果表明，不同用地特征对不同时段客流量影响强度不同，在客流预测时需要准确把握各类用地属性的影响强度。彭诗尧等利用全局常参数和局部变参数的回归模型，研究车站早高峰出站客流与粗细粒度土地利用的相互依赖关系及其空间效应。结果表明，早高峰出站客流受就业、商务、公共服务及管理属性用地影响较强，在细粒度层面，出站客流对写字楼和政府机构依赖性更大。基于多元线性回归的直接预测模型，其核心在于乘客出行影响要素的筛选，现有研究大部分考虑到了土地开发强度、地铁站点可达性以及地铁车辆的可乘坐性，但在以上影响因素的计算中仍存在计算不准确、评价不合理等缺陷。

6.1.2　大数据背景下的直接预测法

大数据背景下的直接预测法可以分为时间序列模型和空间回归模型两大类。时间序列类模型并未考虑不同地铁站点间空间特性、服务差异等因素，多利用一个时间段内的 AFC 数据对客流进行预测。由于时间序列模型应用的前提是站点其他特性恒定，只有客流特性发生变化，因此该类模型无法很好地表述站点周边土地等特性与客流的互动关系。空间回归类模型主要考虑了地铁站点影响域内各类影响因素，将影响因素与客流进行关联分析。大部分空间回归类直接预测模型将地铁站点客流量影响因素划分为4种，分别是站点影响域内人口规模、站点影响域内土地开发程度以及站点固有特征，区域内人口规模包括就业数量与居民规模，且人口规模与地铁客流呈正向相关。站点影响域内土地开发程度可以用混合度、开发强度等指标进行表征，且混合度越高，一天内不同时段乘客出行规模越均衡，且郊区土地混合度较高的站点，轨道交通客流规模更大。站点固有特征主要体现在站点类型，包括终点站、中间站等，通常而言，站点离市中心越近，乘客长距离步行去地铁站点意愿越低，反之距离城市中心越远，乘客长距离到达地铁站点意愿越高。

从模型使用类型来看，直接预测法用到的数学预测模型可以分为线性模型和非线性模型。线性模型使用前需要利用实践经验给出合理的理论假设和符合实际的特定条件参数，用于客流直接预测的线性模型主要包括线性时间序列模型、历史平均模型、最近邻模型以及差分模型，以上模型可以在某些特定场景和理论假设下对客流做出预测。以上线性模型通常适用于预测长期客流，在预测短期客流时往往会因为样本不足而产生一定缺陷。用于客流直接预测的非线性模型主要是各类机器学习模型，如SVM、LSTM、GRU、ARIMA以及此类模型的改进模型，以上模型在描述地铁系统客流特征方面较线性模型更有优势。以上机器学习模型可以分为两类，一类是基于统计的方法，另一类是基于计算智能的方法。李梅等的研究证明将经验模态分解与BP神经网络相结合后预测效果要优于ARIMA以及SARIMA模型，Lana等的研究比较了几类传统计算方法与智能算法间的差异，结果表明，ANN在评估客流方面具有最高的准确性和最短的训练时间。随着TansorFlow、Keras等机器学习和深度学习框架的普及，神经网络在直接客流预测中的应用也越来越成熟。LSTM、GRU等一系列RNN模型的改进模型被应用于客流预测中，且在地铁网络OD流、客流在不同时段的时间依赖性等问题上表现出出色的性能，特别是LSTM模型具有有效捕捉交通流长期、短期特征的能力，且在直接客流预测中取得较好的预测效果。为满足多线路与单线路公交客流的预测需求，欧阳琪首先利用DBSCAN空间聚类算法分析了客流时空出行规律，并在此基础上基于XGBoost与LSTM两类模型，提出了用于多线路客流预测的XPPM-POI模型与用于单线路高精度客流预测的LP-PM-TC模型，结果发现，在加入乘客出行规律后，机器学习算法对单线路及多线路客流预测的精度均有所提高。Zhu等基于交通智能卡数据、城市消费数据、空间地理信息数据等城市大数据从个体出行角度构建轨道交通需求分布模型，并发现在考虑个体经济属性时可以有效提升客流需求预测模型的精度。

随着空间分析方法的成熟，越来越多的研究开始着眼于放宽限制条件以及土地空间独立的假设，深入分析地铁站点客流与影响域内土地利用之间的关联关系。常见的空间分析方法包括 SLM、SEM 以及 SDM 三类，以上三类是最为普及的空间计量模型。为进一步分析地铁站点客流与影响域内用地之间的关联关系，GWR 模型被引入用于分析地铁客流空间分布异质性，部分学者利用 GWR 进行研究的结果表明，商场、住宅地价对地铁站点客流影响存在多重非线性关系，且餐饮服务等生活服务对地铁站点客流有积极影响。

6.2 问题描述

地铁站点影响域内用地对客流的影响机理分析，本质上是研究用地对客流需求会产生怎样的影响。因此，用地对客流影响机理分析的问题，可视为将地铁站点影响域内用地作为输入，地铁站点客流需求作为输出的客流需求预测问题。结合第 3 章研究内容，地铁站点影响域内用地被划分为居住、交通、商务、商业、行政、休旅、教育、医疗八类属性，八类属性代表站点影响域内对地铁站点客流产生影响的八类影响因素。但对于不同时段的地铁站点客流而言，八类属性用地对地铁站点客流的影响力也大不相同。按照工作日、休息日，高峰期、平峰期，早、中、晚，进站、出站几个类别对地铁站点客流数据进行分类，根据地铁 AFC 刷卡数据进行地铁站点客流分类后结果见表 6-1。

◆ 表 6-1　部分地铁站点客流分类示意

时段		站名	安定门	巴沟	北新桥	菜市口	北海北
工作日平峰	早	进	435	158	400	581	179
		出	252	121	379	294	427
	午	进	5364	3022	4786	5258	5696
		出	4499	3769	4910	5048	4258
	晚	进	3849	3362	6073	3882	2218
		出	4499	2929	4706	4407	1796
工作日高峰	早	进	5434	2209	3295	4260	2181
		出	6361	4256	5509	5445	4232
	晚	进	5523	2881	5390	4749	3098
		出	4287	3043	4737	4136	1770
休息日平峰	早	进	216	89	226	325	97
		出	146	87	108	139	107

时段		站名	安定门	巴沟	北新桥	菜市口	北海北
休息日平峰	午	进	4726	3540	5349	6175	6737
		出	4187	4779	5807	5612	5582
	晚	进	2106	3399	4892	2630	2227
		出	3241	2038	3900	3155	1578
工作日高峰	早	进	1748	831	1697	2134	959
		出	1697	2236	1840	2268	2179
	晚	进	2273	2526	3196	2523	2359
		出	2584	2085	3867	2453	1353

为了明确地铁站点影响域内用地对客流的影响机理，本章依托上一章中地铁站点影响域内用地强度计算结果，利用地铁刷卡 AFC 数据，将地铁站点客流按照工作日、节假日、早、中、晚，平峰期、高峰期几个维度分为十个时间段，分析地铁站点影响域内八类属性用地对不同时段地铁站点客流量的影响机理。通过地铁站点影响域内用地对客流的影响机理分析，建立起用地-客流间的关联关系。

6.3　模型构建

6.3.1　Stacking 客流集成预测模型

Stacking 即"堆叠"之意，从字面理解，Stacking 方法就是将多个模型进行多层堆叠，最终输出预测效果，也可以理解为不同类别机器学习模型的"串联、并联"组合。Stacking 集成模型依赖于多个模型输出结果，即将多个弱学习器结果进行组织，以达到更优异预测能力的目标。Stacking 客流集成预测模型普遍包含两层结构，第一层为基学习器，第二层为元学习器。第一层通常选择不同类别机器学习模型作为 Stacking 集成预测模型的基学习器；在回归问题中，第二层通常选择线性回归模型作为预测模型的元学习器。

Stacking 模型本质上是一种分层结构，利用训练集对各种基模型进行训练，并将训练后得到的训练集以及测试集的标签列进行合并，形成新的训练集和测试集。但这样的合并方法势必会产生非常严重的过拟合问题，因此，为了解决 Stacking 模型的过拟合问题，通常采用 K-Fold 交叉验证方法构建新的训练集以及预测集。在构建二层元学习模型训练集时，首先需要将数据集分为预测集与测试集两部分，将训练集等分为 k 个子训练集，对第一层基学习器中的每个模型进行 k 次训练，每次将 k 个子训练集中的一个作为预测集，其余 $k-1$ 个子训练集作为训练集，利用 $k-1$ 个训练集训练完成后，使用预测集进行预测，将预测结果作为第二层元学习器模型训练集的一部分。二层元学习模型测试集主要由原始数据测试集进行融合后再均分组成。

6.3.2　基学习器模型训练

（1）基学习器训练思路

地铁站点客流预测中包含地铁站点 280 个，对于站点 i，输入变量为站点影响域内八类属性用地，$A_i = \{a_i^{\mathrm{live}}, a_i^{\mathrm{traf}}, a_i^{\mathrm{busi}}, a_i^{\mathrm{comer}}, a_i^{\mathrm{gov}}, a_i^{\mathrm{relax}}, a_i^{\mathrm{edu}}, a_i^{\mathrm{medi}}\}$，需要依托八类用地属性预测地铁站点不同时段客流量。根据 5.1 节按照时段对客流进行划分，本节客流需求预测模型主要是根据地铁站点影响域内几类属性用地强度，预测不同日期、不同时段地铁站点客流强度。5.1 节中将客流分为工作日早/晚高峰进/出站客流，工作日早/中/晚平峰进/出站客流，休息日早/晚高峰进/出站客流，休息日早/中/晚平峰进站客流共十种客流情形，每种情形特征不同，与站点影响域内用地关联程度差异也较大。通过 2.2.2 节中的 Stacking 集成模型框架可知，模型共分两层，第一层为基学习器，第二层为元学习器，基学习器以及元学习器使用模型的选择是集成学习模型预测能力优秀与否的关键，本节主要讨论 Stacking 客流集成预测模型的基学习器的模型选择问题。此处，选择十类回归问题常用的机器学习模型作为客流集成预测模型基模型训练器，在十类机器学习模型中按照差异度较大、预测效果较优的原则选择合适的模型作为集成预测模型的基学习器。

（2）十种机器学习模型介绍

十种基础回归机器学习模型中，Linear Regression（LR）、Ridge 是两类最常见的回归方法，LR 即线性回归模型是机器学习中最基础的模型，属于一种有监督学习方法，标签值为连续值时即回归，标签值为离散值时即分类，而后者相比 LR 增加了对回归权重大小的惩罚，降低了模型过拟合的风险。两种回归计算方法如下：

给定数据集 $D = \{(x_1, y_1), (x_2, y_2), \cdots, (x_m, y_m)\}$，其中，$x_i \in \mathbf{R}^n$，$y \in \mathbf{R}$，两种回归学习的目标均为求得一组最佳的参数 $\omega \in \mathbf{R}^n$，得到形如 $\mathbf{y} = \boldsymbol{\omega}^{\mathrm{T}} \mathbf{x}$ 的回归模型。

LR 模型计算方法如下：

$$\min_{\omega} \frac{1}{m} \sum_i (y_i - \boldsymbol{\omega}^{\mathrm{T}} x_i)^2 \tag{6-1}$$

Ridge（岭回归）加入对长度 L_2 的参数 $\boldsymbol{\omega}$ 惩罚，L_2 即各分量平方和的平方根，模型计算方法如下：

$$\min_{\omega} \frac{1}{m} \sum_i (y_i - \boldsymbol{\omega}^{\mathrm{T}} x_i)^2 + \frac{\lambda}{n} \parallel \boldsymbol{\omega} \parallel_2 \tag{6-2}$$

在对 LR 模型中的 $\boldsymbol{\omega}$ 求解时，首先将式(6-1)写为矩阵形式[见式(6-3)]，对 $\boldsymbol{\omega}$ 求导即可得到解，计算过程如下：

$$\min_{\omega} \frac{1}{m} (\boldsymbol{y} - \boldsymbol{X}_{\omega})^{\mathrm{T}} (\boldsymbol{y} - \boldsymbol{X}_{\omega}) \tag{6-3}$$

对 $\boldsymbol{\omega}$ 进行求导可得到：

$$\frac{2}{m} \boldsymbol{X}^{\mathrm{T}} (\boldsymbol{X}_{\omega} - \boldsymbol{y}) \tag{6-4}$$

有解为 $\boldsymbol{\omega} = (\boldsymbol{X}^{\mathrm{T}} \boldsymbol{X})^{-1} \boldsymbol{X}^{\mathrm{T}} \boldsymbol{y}$。

在对 Ridge 模型中的 $\boldsymbol{\omega}$ 求解时，首先将式(6-2)写为矩阵形式[见式(6-5)]，对 $\boldsymbol{\omega}$ 求导即可得到解，计算过程如下：

$$\min_{\omega} \frac{1}{m} (\boldsymbol{y} - \boldsymbol{X}\boldsymbol{\omega})^{\mathrm{T}} (\boldsymbol{y} - \boldsymbol{X}\boldsymbol{\omega}) + \frac{\lambda}{n} \boldsymbol{\omega}^{\mathrm{T}} \boldsymbol{\omega} \tag{6-5}$$

对 $\boldsymbol{\omega}$ 进行求导可得到：

$$\frac{2}{m} \boldsymbol{X}^{\mathrm{T}} (\boldsymbol{X}\boldsymbol{\omega} - \boldsymbol{y}) + \frac{2\lambda}{n} \boldsymbol{\omega} \tag{6-6}$$

有解为 $\boldsymbol{\omega} = \frac{1}{m} \left(\frac{1}{m} \boldsymbol{X}^{\mathrm{T}} \boldsymbol{X} + \frac{\lambda}{n} \boldsymbol{I} \right)^{-1} \boldsymbol{X}^{\mathrm{T}} \boldsymbol{y}$。

KNN 算法与 LR 模型相似，同样属于有监督学习，是机器学习中最简单的分类算法。KNN 即 K Nearest Neighbors，其原理是当预测一个新的值 x 时，根据它距离最近的 k 个点的类别来判断 x 属于哪个类别。根据此核心思路，KNN 的关键在于完成不同样本点之间的距离计算。此处 KNN 在计算样本点之间距离时，采用闵可夫斯基距离进行计算，其表达式如下：

$$d_p(x,y) = \left(\sum_{i=1}^n |x_i - y_i|^p \right)^{1/p} \tag{6-7}$$

当 $p=1$ 时，即曼哈顿距离。KNN 方法实现的步骤具体分为三步：首先找到 K 个最近邻；然后统计每种类别在最近邻类别占比；最后选取占比最多的类别作为待分类样本的类别。

几类模型中，Decision Tree、Extra Tree、RF 均为树模型，其中 Decision Tree 为树模型中最基础的单元。Decision Tree 是一种以树结构形式表达的预测模型，通过从根节点排列到某个叶子节点来分类实例，判定叶子节点为实例的分类，并为每个叶子赋予一个类别标签。决策树的计算核心在于信息熵的确定，信息熵的计算如下：

$$H = -\sum_{i=1}^{n} p(x_i)\log_2 p(x_i) \tag{6-8}$$

将样本中数据代入式(6-8)，得到每个样本节点的信息熵，依托信息熵计算条件熵，条件熵计算方法如下：

$$H(Y \mid X) = -\sum_{x \in X}\sum_{y \in Y} p(x,y)\log p(y \mid x) \tag{6-9}$$

决策树的目标在于减少熵值。为减少熵，引入信息增益这一概念：

$$g(D,A) = H(D) - H(D \mid A) \tag{6-10}$$

式中，$g(D,A)$代表选定特征A后，对特征D分类的确定性有多少。在构建决策树时，信息增益越大越好。

RF 随机森林是 Bagging 集成模型的一种，即弱学习器算法$G(x)$，弱学习器迭代次数为T，最终训练得到的强模型为$f(x)$，将随机森林作为弱学习器，在 Bagging 框架下训练后得到 RF 随机森林模型。

Extra Tree 属于 RF 的一个变种，其变化在于对于每个决策树弱学习器，RF 采用随机采样的机制，选择每个决策树弱学习器的训练集，Extra Tree 不使用随机采样而使用原始训练集进行训练。划分特征后，RF 模型中的每个弱学习器会根据基尼系数、均方差等原则选择最优特征值划分点，Extra Tree 则会随机选择特征值划分决策树。

以上两种 RF 以及 Extra Tree 算法都属于 Bagging 集成模型，Ada Boost、XGBoost、Gradient Boost 三种则是基于决策树的 Boosting 集成模型。对于 Ada Boost，利用每个样本训练第m个弱学习器，根据训练结果计算其误差率e_m：

$$e_m = P(G_m(X_i) \neq y_i) \tag{6-11}$$

根据e_m计算弱学习器m的权重a_m：

$$a_m = \frac{1}{2}\log\frac{1-e_m}{e_m} \tag{6-12}$$

根据弱学习器m的权重更新每个样本的权重：

$$\omega_{m,i} = \frac{\omega_{m-1,i}\exp(-a_{m-1}y_iG_m(x_i))}{Z_{m-1}} \tag{6-13}$$

将所有弱学习器线性组合成为强学习器：

$$f(x) = \sum_{m=1}^{M} a_m G_m(X) \tag{6-14}$$

对于 XGBoost，与 AdaBoost 不同，AdaBoost 弱学习器可以由任意机器学习模型组成，但 XGBoost 和 Gradient Boost 的弱学习器均是由决策树模型组成的。XGBoost 与 Gradient Boost 的模型思想基本一致，即逐步将单个树加入最终的学习器中。假设当前学习器已经加入 $m-1$ 个决策树模型，对于每个样本而言，对应 $m-1$ 个预测值，预测值与真实值之间存在残差，第 m 个树模型的加入目的在于拟合上述残差，如此一来，在模型对后期样本预测时，残差会更小。在训练 Gradient Boost 模型时，首先对模型进行初始化[见式(6-15)]，加入第 m 个决策树，在加入新的决策树之前需要计算当前模型残差见式[见式(6-16)]，通过拟合残差 $r_{m,i}$ 加入第 m 个决策树模型[见式(6-17)]，得到最终的模型。

$$f_0(x)=0 \tag{6-15}$$

$$f_M(x)=\sum_{m=1}^{M} T(x;\theta_m) \tag{6-16}$$

$$r_{m,i}=-\left[\frac{\partial L(y_i,f(x_i))}{\partial f(x_i)}\right] \tag{6-17}$$

XGBoost 在训练时与 Gradient Boost 不同，XGBoost 的思想是在优化的过程中最小化损失函数与自身有关的项。与自身有关的损失函数由二阶泰勒展开得到：

$$Loss(y_i,f(x_i))=Loss(y_i,f_{m-1}(x_i)+f_m(x_i))=Loss(y_i,f_{m-1}(x_i))+$$
$$\frac{\partial Loss(y_i,f_{m-1}(x_i))}{\partial f_{m-1}(x_i)}f_m(x_i)+\frac{1}{2}\frac{\partial^2 Loss(y_i,f_{m-1}(x_i))}{\partial f_{m-1}(x_i)^2}f_m(x_i)^2+constant$$

$$\tag{6-18}$$

令 $\frac{\partial Loss(y_i,f_{m-1}(x_i))}{\partial f_{m-1}(x_i)}=g_i$，$\frac{1}{2}\times\frac{\partial^2 Loss(y_i,f_{m-1}(x_i))}{\partial f_{m-1}(x_i)^2}=h_i$，$\omega_i=f_m$

(x_i)，则与当前模型相关的项 $b_j=g_i\omega_i+\frac{1}{2}h_i\omega_i+constant$，有需要最小化的项为：

$$Ob_j=\sum_{j=1}^{T}\left(G_j\omega_j+\frac{1}{2}H_j\omega_j^2\right)+\lambda\frac{1}{2}\omega_j^2 \tag{6-19}$$

式中，T 为叶子节点数；$G_j=\sum_{i\in I_j}^{T}g_i$；$H_j=\sum_{i\in I_j}h_i$；$\lambda\omega_j^2$ 是对每个样本权重的限制项。在此基础上，加入模型复杂度正则项 γT，得到最终的目标函数：

$$Ob_j = \sum_{j=1}^{T} \left(G_j \omega_j + \frac{1}{2} H_j \omega_j^2 \right) + \gamma T + \lambda \omega_j^2 \qquad (6\text{-}20)$$

（3）模型预测效果比较

本章客流需求预测问题属于典型的回归预测类问题，在基学习器模型选择时，选取 Linear Regression、KNN、Ridge、Decision Tree、Extra Tree、RF、XGBoost、Ada Boost、Gradient Boost 十种回归预测效果较好的机器学习模型进行实验。利用以上模型在 Python3.9.7，CPUi7-1195G7 环境中对数据集进行训练预测，并对各类模型训练结果进行分析，采用决定系数 R^2、平均绝对误差 MAE（Mean Absolute Error）、均方根误差 RMSE（Root Mean Squard Error）三项指标对机器学习模型预测性能进行评价。MAE 和 RMSE 两个衡量指标与样本数据的数量级直接相关，但对于本书中不同时段地铁站点客流而言，数量级相差很远。为了消除数量级对模型评价的影响，本书利用％MAE 和％RMSE 两个指标对不同机器学习预测能力进行横向对比，其表达式见式(6-21)～式(6-23)。利用以上模型对地铁站点客流进行预测，模型（部分）预测性能结果见表 6-2，根据每个模型预测能力指标，针对每个客流预测场景，选择预测性能最优的前五个模型预测结果进行分析，每类场景预测性能最优的五个模型预测结果见图 6-1～图 6-10。

$$R^2 = 1 - \frac{\sum_{i=1}^{n} ((y_i - \widehat{y_i})^2)}{\sum_{i=1}^{n} (y_i - \overline{y_i})^2} \qquad (6\text{-}21)$$

$$\%\mathrm{RMSE} = \sqrt{\frac{1}{m} \sum_{i=1}^{m} (y_i - \widehat{y_i})^2} / \overline{y_i} \qquad (6\text{-}22)$$

$$\%\mathrm{MAE} = \frac{1}{m} \sum_{i=1}^{m} |(y_i - \widehat{y_i})| / \overline{y_i} \qquad (6\text{-}23)$$

6.3.3 基学习器训练结果分析

（1）工作日早高峰

工作日早高峰主要指周一至周五早 7 时至早 9 时各地铁站点进出站客流，预测情况如图 6-1 所示。工作日早高峰进出站客流预测性能排名前五的几类模型对于进站客流的预测效果明显优于出站客流预测。出站客流预测中，几类模型在客流量较大的站点，预测效果表现相对较差。

◆ 表6-2 部分机器学习算法训练结果

算法名称			LR			KNN			Ridge			Lasso			GradientBoost		
\	评价指标		R^2	%RMSE	%MAE	R^2	%RMSE	%MAE	R^2	%RMSE	%MAE	R^2	%RMSE	%MAE	R^2	%RMSE	%MAE
工作日平峰	早	进	0.56	0.02	0.22	0.43	0.02	0.36	0.33	0.02	0.5	0.32	0.03	0.56	0.38	0.03	0.45
		出	0.54	0.03	0.26	0.56	0.03	0.3	0.44	0.03	0.41	0.69	0.03	0.28	0.61	0.03	0.26
	午	进	0.48	0.005	0.27	0.64	0.004	0.26	0.49	0.005	0.27	0.52	0.005	0.33	0.48	0.005	0.23
		出	0.52	0.005	0.21	0.52	0.005	0.27	0.35	0.005	0.29	0.38	0.006	0.43	0.53	0.006	0.28
	晚	进	0.47	0.008	0.3	0.67	0.006	0.32	0.62	0.007	0.34	0.57	0.007	0.38	0.73	0.008	0.23
		出	0.78	0.003	0.17	0.75	0.004	0.15	0.78	0.003	0.23	0.81	0.003	0.18	0.82	0.003	0.15
工作日高峰	早	进	0.81	0.003	0.16	0.78	0.003	0.18	0.81	0.003	0.23	0.83	0.002	0.19	0.84	0.002	0.13
		出	0.7	0.006	0.19	0.73	0.005	0.16	0.73	0.005	0.26	0.67	0.006	0.3	0.63	0.006	0.26
	晚	进	0.64	0.006	0.18	0.71	0.005	0.17	0.71	0.005	0.28	0.57	0.007	0.35	0.5	0.008	0.34
		出	0.75	0.003	0.15	0.79	0.003	0.16	0.72	0.003	0.21	0.75	0.003	0.16	0.67	0.004	0.25
休息日平峰	早	进	0.57	0.04	0.42	0.31	0.037	0.5	0.27	0.04	0.53	0.23	0.06	0.56	0.34	0.1	0.44
		出	0.4	0.03	0.45	0.25	0.06	0.45	0.23	0.06	0.48	0.41	0.04	0.4	0.42	0.06	0.38
	午	进	0.4	0.003	0.32	0.24	0.06	0.45	0.23	0.06	0.48	0.46	0.04	0.39	0.43	0.06	0.27
		出	0.51	0.004	0.26	0.49	0.004	0.34	0.44	0.004	0.26	0.51	0.004	0.25	0.4	0.005	0.31
	晚	进	0.46	0.01	0.36	0.28	0.008	0.46	0.25	0.009	0.4	0.46	0.011	0.46	0.31	0.014	0.54
		出	0.7	0.005	0.21	0.71	0.005	0.26	0.67	0.006	0.28	0.59	0.006	0.31	0.63	0.006	0.29
休息日高峰	早	进	0.81	0.005	0.19	0.77	0.006	0.23	0.71	0.007	0.26	0.7	0.007	0.27	0.62	0.009	0.31
		出	0.43	0.007	0.36	0.48	0.007	0.26	0.44	0.007	0.27	0.27	0.008	0.31	0.59	0.008	0.28
	晚	进	0.48	0.007	0.31	0.38	0.007	0.28	0.31	0.007	0.3	0.23	0.008	0.31	0.43	0.007	0.32
		出	0.34	0.01	0.47	0.52	0.007	0.31	0.52	0.007	0.31	0.35	0.008	0.33	0.35	0.01	0.41

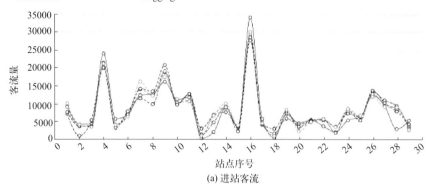

(a) 进站客流

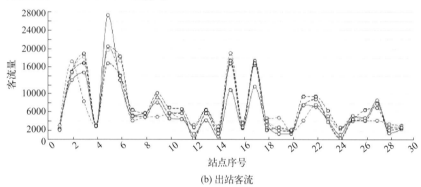

(b) 出站客流

图 6-1　工作日早高峰预测情况

（2）工作日晚高峰

　　工作日晚高峰主要指周一至周五晚 5 时至晚 7 时各地铁站点进出站客流，预测情况如图 6-2 所示。工作日晚高峰进、出站客流预测排名前五的几类模型在预测工作日晚高峰进、出站客流时均表现出较好的预测性能，且几类模型对晚高峰出站客流的预测效果明显优于进站客流。工作日晚高峰进站客流预测情况与早高峰出站客流预测类似，在客流量较大的站点预测效果相对较差。

（3）工作日早平峰

　　工作日早平峰主要指周一至周五早 4 时至早 7 时各地铁站点进出站客流，客流预测情况如图 6-3 所示。工作日早平峰进、出站客流预测能力排名前五的模型种类差异较大，总体来看预测效果一般。各类模型预测能力与工作日高峰类似，客流量较大的站点预测能力更差，且工作日平峰期出站客流预测效果优于进站客流预测效果。

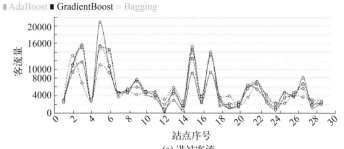

(a) 进站客流

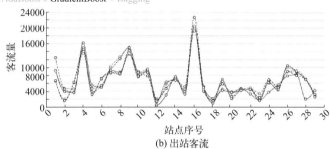

(b) 出站客流

图 6-2　工作日晚高峰预测情况

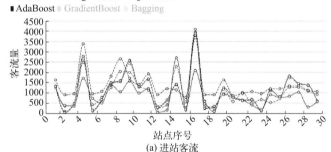

(a) 进站客流

(b) 出站客流

图 6-3　工作日早平峰预测情况

（4）工作日午平峰

工作日午平峰主要指周一至周五早 9 时至晚 5 时各地铁站点进出站客流，客流预测情况如图 6-4 所示。工作日午平峰进出站预测性能排名前五的模型预测效果总体而言优于工作日早平峰预测效果，但劣于工作日高峰期预测效果。各类模型对工作日午平峰出站客流预测能力明显强于进站客流预测，与前三种情形下客流预测情况不同，工作日午平峰站点客流预测中，对于客流量较大的站点预测能力较优，而对客流量适中的站点预测能力则相对较差。

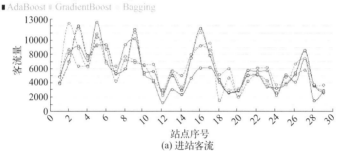

(a) 进站客流

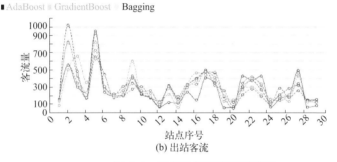

(b) 出站客流

图 6-4　工作日午平峰预测情况

（5）工作日晚平峰

工作日晚平峰主要指周一至周五晚 7 时至晚 11 时各地铁站点进出站客流，客流预测情况如图 6-5 所示。总体来看，工作日晚平峰进出站客流预测排名前五预测模型预测性能较优，且出站客流预测效果优于进站客流预测效果。就进站客流预测来看，与工作日高峰期等情形类似，客流量较大的站点预测能力相对较差。

（6）休息日早高峰

休息日早高峰主要指周六日及节假日早 7 时至早 9 时各地铁站进出站客流，客流预测情况如图 6-6 所示。总体来看，休息日早高峰进出站客流预测排名前五预测模型预测性能较优，且对进站客流的预测效果优于对出站客流的预测效果。

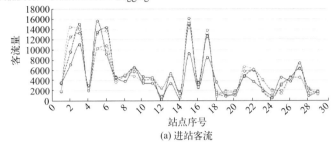

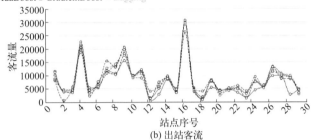

(b) 出站客流

图 6-5　工作日晚平峰预测情况

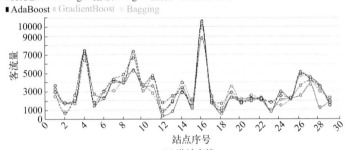

(a) 进站客流

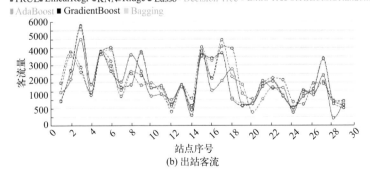

(b) 出站客流

图 6-6　休息日早高峰预测情况

（7）休息日晚高峰

休息日晚高峰主要指周六日及节假日晚 5 时至晚 7 时各地铁站进出站客流，客流预测情况如图 6-7 所示。总体来看，休息日晚高峰进出站客流预测排名前五预测模型预测性能较优，但总体情况劣于休息日早高峰预测效果，且出站客流预测效果优于进站客流预测效果。在对进站客流预测中，客流量大的车站预测性能优于客流量小的车站。

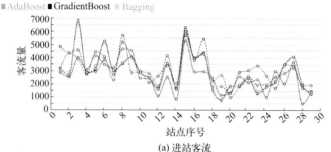

(a) 进站客流

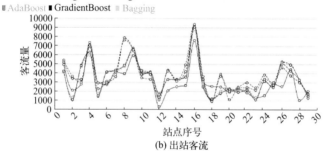

(b) 出站客流

图 6-7　休息日晚高峰预测情况

（8）休息日早平峰

休息日早平峰主要指周六日及节假日早 4 时至早 7 时各地铁站进出站客流，客流预测情况如图 6-8 所示。总体来看，休息日早平峰进站客流预测效果较优，而出站客流预测效果较差，在几类情形中属于最差的一种情形，这与休息日早平峰进出站客流少且目的性较为混乱有较大关系。

（9）休息日午平峰

休息日午平峰主要指周六日及节假日早 9 时至晚 5 时各地铁站进出站客流，客流量预测情况如图 6-9 所示。总体来看，休息日午平峰进出站效果均要优于休息日早平峰出站预测效果，与休息日早平峰进站预测效果相近。该场景下客流量大的站点预测效果总体上优于客流量小的站点。

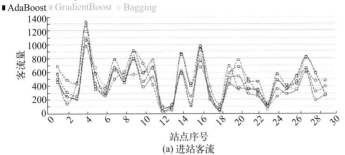

(a) 进站客流

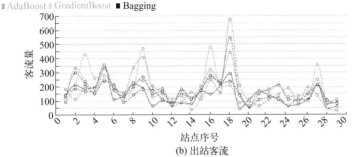

(b) 出站客流

图 6-8　休息日早平峰预测情况

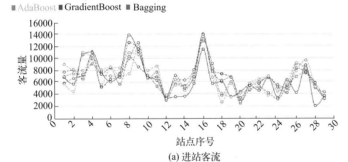

(a) 进站客流

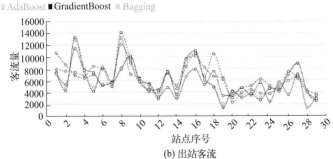

(b) 出站客流

图 6-9　休息日午平峰预测情况

（10）休息日晚平峰

休息日晚平峰主要指周六日及节假日晚 7 时至晚 11 时各地铁站进出站客流，客流量预测情况如图 6-10 所示。休息日晚平峰进站、出站客流预测效果差异较大，出站客流预测效果明显优于进站客流，且进站客流部分站点不论客流量大小，预测效果均差强人意。

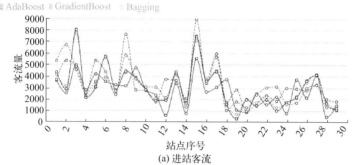

(a) 进站客流

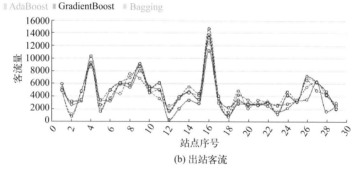

(b) 出站客流

图 6-10　休息日晚平峰预测情况

对十类日期及时段的进出站客流进行分析后，可以得到以下结论：

总体来看，各类预测模型高峰期客流预测能力优于平峰期客流预测能力，工作日客流预测能力优于休息日客流预测能力。对于高峰期客流预测而言，早高峰进站、晚高峰出站客流预测效果较好，而早高峰出站、晚高峰进站客流预测效果较之稍差；对于平峰期客流预测而言，不论什么时段，出站客流预测效果均优于同时段进站客流预测效果。

对于不同种类模型预测效果而言，本部分共使用 11 类基础模型对地铁站点不同时段客流情况逐一预测，其中 LR、KNN、Ridge、Lasso、Decision Tree、Extra Tree 几类模型并非集成模型，XGBoost、RF、AdaBoost、Gra-

数据驱动下的大型城市功能
与客流协同优化研究

dientBoost、Bagging 五类模型均为以 Decision Tree 为基础模型的 Bagging 和 Boosting 框架下的集成算法。在不同时段客流的预测实验中，LR、KNN、Ridge、Lasso、GradientBoost 五类模型在大部分场景下预测效果均能够排在前五位，在某些不能排进前五名的场景下，也能够表现出较为优异的预测性能。

通过分析预测效果较好时段与预测效果较差时段，不难发现，当客流出行目的比较单一时，如早高峰进站客流对应的上班族，晚高峰及晚平峰对应的回家乘客，休息日午平峰对应的出游、购物乘客等，客流预测性能往往较为优异。而当客流出行目的较为复杂时，如早、午、晚平峰期进站客流，这类乘客出行目的较为复杂，此类出行行为大部分时候属于单一行为，具有较强的偶然性，所以此类客流在预测时较难准确预测。

根据以上分析，从不同类别模型预测原理差异度来看，LR、KNN、Ridge、Lasso 等几类模型属于单一模型；RF、XGBoost、AdaBoost 等几类模型属于基于 DT 模型训练的 Boosting 类集成学习模型。单一模型间以及单一模型与集成学习模型间预测原理差异度较高，而三类集成学习类模型之间预测原理差异度较小。从不同类别模型预测精度差异度来看，LR、KNN 等几类单一模型在对平峰期客流预测时，预测精度虽然较低，但其训练效果优于 Boosting 类集成学习模型。而在对高峰期客流进行预测时，单一类模型与集成学习模型虽然预测精度都比较高，但相比较而言，集成学习类模型精度更高。综合以上分析，在充分考虑基学习器精度以及差异度两个层面后，本书的 Stacking 集成学习预测模型选择 LR、KNN、Ridge、Lasso、GradientBoost 五类模型作为基学习器。

6.3.4 元学习器模型训练

Stacking 学习框架中，元学习器承担着改善基学习器偏差以及缓解过拟合的重要任务，所以 Stacking 集成模型的优劣很大程度上取决于元学习器模型的选择。针对前面介绍的基学习器选择的情况，元学习器需要选择能够有效结合预测精度差异较大、模型原理差异较大的多种基础学习器模型。为了使元学习器能够发挥其最大的作用，在基学习器选定的前提下，将前面提及的预测能力较优的模型在元学习器的场景下再次进行比对，通过对比确定元学习器的最终选择方案。此处使用几种模型对不同时段客流预测结果评价指标的平均值，对几类算法作为元学习器时的效果进行评价，对比结果见表 6-3。

为充分发挥基学习器的预测优势，在选择元学习器时，首先要选择融合后预测结果最佳的模型。由表 6-3 可知，几类模型中 XGBoost 模型作为元学习器时，集成预测模型表现最好，几类预测指标最高。且从运行时间看，虽然XGBoost并非训练时间最短的，但与AdaBoost等模型相比，其运行时间仍在可接受范围之内。基于此，选择XGBoost作为Stacking集成模型的元学习器。

◆ 表6-3　元学习器模型比较结果

元学习器模型	R^2	%RMSE	%MAE	运行时间/s
Stacking-KNN	0.75	0.003	0.25	510
Stacking-Lasso	0.72	0.006	0.28	465
Stacking-AdaBoost	0.78	0.008	0.26	623
Stacking-FR	0.81	0.005	0.21	435
Stacking-XGBoost	0.82	0.005	0.18	487

由于本书中每条样本对应一个地铁站点，故样本数量较少，当样本数量较少时，有必要提高K-Fold交叉验证计算中 k 的值，以提高运算精度。此处取 $k=10$，即使用10折交叉验证进行第二层训练集、预测集的计算，由此可以得到本书基于Stacking框架的客流集成预测模型架构，如图6-11所示。

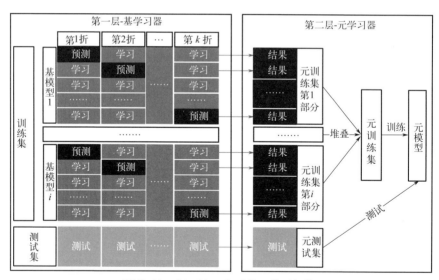

图 6-11　Stacking 集成学习模型架构

记Stacking集成学习模型基学习器由 N 个机器学习模型构成，数据集共包含 m 条数据，记原始数据集为 $Data\{(x_i,y_i)|i=1,2,\cdots,m\}$，元分类器学

习算法 M，基学习器算法集合 $Model=\{Model_i|i=1,2,\cdots,L\}$。Stacking 框架下的集成模型训练过程主要分三步：训练基学习器，生成元学习器训练集及预测集，训练元学习器。客流预测模型训练步骤如下：

输入：

地铁站点影响域用地强度及客流原始数据集 $Data\{(x_i,y_i)\}$。

基学习器算法集合 $Model=\{Model_i|i=1,2,\cdots,L\}$。

输出：

基于 Stacking 框架的客流集成预测模型。

Step 1：将原始数据集 $Data$ 划分为训练集 $Train$ 和测试集 $Test$ 两部分。

Step 2：将每个 $Train$ 数据集分割为 k 折数据集，即

$Train=\{T_j(Tx_j,Ty_j)|j=1,2,\cdots,k\}$。

Step 3：使用 $Train$ 中的每折数据集循环 k 次训练基学习器中的模型，第 j 次循环中使用 T_j 作为测试集，将其余 9 折 $T_{j\_}$ 作为训练集，利用 $T_{j\_}$ 训练基学习器中的模型；使用训练好的模型对 T_j 进行预测，得到预测结果 $H_{ij}=Model_i(T_j)$。

Step 4：将各基学习器的预测结果 H_{ij} 融合，作为第二层元学习器的训练集 $MTrain=\{H_{ij}|i=1,2,\cdots,L;j=1,2,\cdots,10\}$；将每次训练划分的测试集求均值作为元学习器测试集 $MTest=\overline{Test_j}$。

Step 5：利用 $MTrain$ 对第二层元学习器进行训练，并将训练后的模型用 $Mtest$ 进行测试，得到其预测性能。

6.3.5 Stacking 客流集成预测模型性能比较

根据上述过程训练得到 Stacking 客流集成预测模型，仍然使用决定系数 R^2、平均绝对误差％MAE（Mean Absolute Error）、均方根误差％RMSE（Root Mean Squard Error）三项指标对集成学习模型以及基学习器选择时用到的 11 类机器学习模型中性能较好的几类模型性能进行比较，结果见表 6-4。

训练后的集成模型在预测能力上较基学习器中预测模型有了较大提升，尤其是对平峰期、休息日等单一模型预测效果较差的时段，有效提高了预测精度。对于预测效果最差的休息日早平峰进站客流预测而言，虽有一定提升，但效果有限。对于高峰客流的预测，由于集成模型训练中各单一模型在预测时效果普遍已经较好，部分模型能够达到 0.85 以上的预测能力，集成模型在这一部分数据的预测中，预测效果提升幅度不大，但相较单一基础模型仍有一定提升。在％MAE 与％RMSE 两项误差结果中，集成模型预测效果有较大幅度提升。

◆ 表6-4 Stacking 集成模型性能比较

算法名称			LR			KNN			Ridge			Lasso			GradientBoost			Stacking		
评价指标			R^2	%RMSE	%MAE	R^2	%RMSE	%MAE	R^2	%RMSE	%MAE	R^2	%RMSE	%MAE	R^2	%RMSE	%MAE	R^2	%RMSE	%MAE
工作日平峰	早	进	0.56	0.02	0.22	0.43	0.02	0.36	0.33	0.02	0.5	0.32	0.03	0.56	0.38	0.03	0.45	0.7	0.009	0.18
		出	0.54	0.03	0.26	0.56	0.03	0.3	0.44	0.03	0.41	0.69	0.03	0.28	0.61	0.03	0.26	0.75	0.007	0.21
	午	进	0.48	0.005	0.27	0.64	0.004	0.26	0.49	0.005	0.27	0.52	0.005	0.33	0.48	0.005	0.23	0.73	0.003	0.2
		出	0.52	0.005	0.21	0.52	0.005	0.27	0.35	0.005	0.29	0.38	0.006	0.43	0.53	0.006	0.28	0.77	0.005	0.19
	晚	进	0.47	0.008	0.3	0.67	0.006	0.32	0.62	0.007	0.34	0.57	0.007	0.38	0.73	0.008	0.23	0.85	0.006	0.2
		出	0.78	0.003	0.17	0.75	0.004	0.15	0.78	0.003	0.23	0.81	0.003	0.18	0.82	0.003	0.15	0.88	0.002	0.09
工作日高峰	早	进	0.81	0.003	0.16	0.78	0.003	0.18	0.81	0.003	0.23	0.83	0.002	0.19	0.84	0.002	0.13	0.96	0.002	0.06
		出	0.7	0.006	0.19	0.73	0.005	0.16	0.73	0.005	0.26	0.67	0.006	0.3	0.63	0.006	0.26	0.93	0.003	0.11
	晚	进	0.64	0.006	0.18	0.71	0.005	0.17	0.71	0.005	0.28	0.57	0.007	0.35	0.5	0.008	0.34	0.91	0.006	0.13
		出	0.75	0.003	0.15	0.79	0.003	0.16	0.72	0.003	0.21	0.75	0.003	0.16	0.67	0.004	0.25	0.95	0.002	0.08
休息日平峰	早	进	0.57	0.04	0.42	0.31	0.037	0.5	0.27	0.04	0.53	0.23	0.06	0.56	0.34	0.1	0.44	0.65	0.008	0.29
		出	0.4	0.03	0.45	0.25	0.06	0.45	0.23	0.06	0.48	0.41	0.04	0.4	0.42	0.06	0.38	0.75	0.009	0.22
	午	进	0.4	0.003	0.32	0.24	0.06	0.45	0.23	0.06	0.48	0.46	0.04	0.39	0.43	0.06	0.27	0.77	0.007	0.29
		出	0.51	0.004	0.26	0.49	0.004	0.34	0.44	0.004	0.26	0.51	0.004	0.25	0.4	0.005	0.31	0.92	0.004	0.22
	晚	进	0.46	0.01	0.36	0.28	0.008	0.46	0.25	0.009	0.4	0.46	0.011	0.46	0.31	0.014	0.54	0.72	0.006	0.31
		出	0.7	0.005	0.21	0.71	0.005	0.26	0.67	0.006	0.28	0.59	0.006	0.31	0.63	0.006	0.29	0.88	0.002	0.16
休息日高峰	早	进	0.81	0.005	0.19	0.77	0.006	0.23	0.71	0.007	0.26	0.7	0.007	0.27	0.62	0.009	0.31	0.94	0.005	0.17
		出	0.43	0.007	0.36	0.48	0.007	0.26	0.44	0.007	0.27	0.27	0.008	0.31	0.59	0.008	0.28	0.75	0.004	0.21
	晚	进	0.48	0.007	0.31	0.38	0.007	0.28	0.31	0.007	0.3	0.23	0.008	0.31	0.43	0.007	0.32	0.72	0.005	0.18
		出	0.34	0.01	0.47	0.52	0.007	0.31	0.52	0.007	0.31	0.35	0.008	0.33	0.35	0.01	0.41	0.75	0.006	0.22

数据驱动下的大型城市功能
与客流协同优化研究

6.3.6　基于 SHAP 算法的不同属性用地对地铁客流影响效应计算

利用 Stacking 框架下的客流预测集成模型进行客流预测虽然预测效果较好，但其仍旧属于黑箱模型，相较于传统回归分析而言，可解释性较差。本书采用 SHAP 值对模型中几类属性用地对地铁站点不同时间客流量影响强度进行解释分析，用来增强模型的可解释性。SHAP 模型第一次出现在 2017 年，由 Lundberg 和 Lee 提出 SHAP 值这一广泛的使用方法，用于解释机器学习模型中各类变量对预测结果的贡献值。SHAP 值源自博弈论中的 Shapley Value，其基本设计思想是首先计算一个特征加入到模型中时的边际贡献，然后计算该特征在所有特征序列中不同的边际贡献，最后计算该特征的 SHAP 值，即该特征所有边际贡献的均值。

假设第 i 个样本为 x_i，第 i 个样本的第 j 个特性为 x_{ij}，特征的边际贡献为 mc_{ij}，边的权重为 ω_i，其中 $f(x_{ij})$ 为 x_{ij} 的 SHAP 值。例如，第 i 个样本的第 1 个 SHAP 值计算如下：

$$f(x_{i1}) = mc_{i1}\omega_1 + \cdots + mc_{i1}\omega_n \tag{6-24}$$

模型对该样本的预测值为 y_i，整个模型的基线（通常为所有样本的目标变量均值）为 y_{base}，那么 SHAP Value 满足以下等式：

$$y_i = y_{\text{base}} + f(x_{i1}) + f(x_{i2}) + \cdots + f(x_{is}) \tag{6-25}$$

$f(x_i,1)$ 是第 i 个样本中第 1 个特征对最终预测值 y_i 的贡献值，每个特征的 SHAP 值表示以该特征为条件时模型预测的变化。对于每个功能，SHAP 值都说明了其所做的贡献，以说明实例的平均模型预测与实际预测之间的差异。当 $f(x_i,1) > 0$ 时，则说明该特性提升了预测值，反之则说明该特征使贡献值降低。集成学习模型利用传统的 Feature Importance 只能反映出特征的重要程度，但并不清楚该特征对预测结果的具体影响力。SHAP 值计算的最大优势在于能够反映出样本中每一个特征对预测结果的影响力，而且还可以指出其影响程度的正负性。

基于地铁站点影响域内用地属性对地铁站点客流需求进行预测时，集成模型对工作日、高峰期时段客流需求预测较为准确，而对休息日、平峰期客流需求预测效果较差，而且从改善地铁乘车环境的目的出发，对于工作日、高峰期客流产生的机理展开研究更具实际意义，但工作日、高峰期客流目的性较强，分析结果主要起到与常识验证的作用，而其他时段客流目的具有较强的混乱性，其他时段的客流分析对理解不同类型属性用地影响站点客流的作用机理具有较强的实际意义。

6.4 实例分析

6.4.1 不同时段地铁站点影响域各类属性用地对客流量影响分析

(1) 早高峰地铁站点影响域各类属性用地对客流量影响分析

根据图 6-12(a) 和图 6-13(a) 不难发现，不论工作日还是休息日，早高峰期间地铁站点进站客流影响主导用地属性均为居住属性，且居住属性用地对地铁站点客流的影响远高于其他属性对地铁站点客流的影响。同时，根据图 6-12(c) 和图 6-13(c)，不论是工作日还是休息日，地铁站点出站客流影响主导用地属性均为商务属性，但工作日与休息日不同之处在于休息日交通、居住、商业、行政、医疗等属性用地对客流的影响强度有所提升，商务属性对地铁站点客流影响重要程度有所下降。

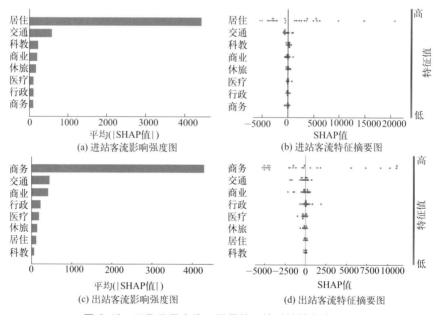

图 6-12　工作日早高峰不同属性用地对地铁客流影响

根据图 6-12(b) 和图 6-13(b) 不难发现，早高峰无论是工作日还是休息日，居住、交通属性用地与进站客流量基本呈现出线性正相关关系，而其他属性用地如科教、商业、行政等属性用地则表现出复杂的非线性关系，不同特征站点之间以上几类属性对其客流量预测的影响强度差异较大。但由于以上几类属性用地在早高峰期间客流预测中并非绝对影响因素，所以该差异并未导致站点客流预测准确度的降低。根据图 6-12(d) 和图 6-13(d)，早高峰期间商务属性与地铁出站客流之间呈现出明显的线性正相关关系。

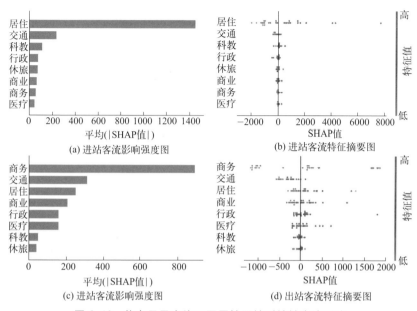

(a) 进站客流影响强度图　　　　(b) 进站客流特征摘要图

(c) 进站客流影响强度图　　　　(d) 出站客流特征摘要图

图 6-13　休息日早高峰不同属性用地对地铁客流影响

（2）晚高峰地铁站点影响域各类属性用地对客流量影响分析

根据图 6-14(a) 和图 6-15(a) 不难发现，不论工作日还是休息日，晚高峰期间地铁站点进站客流影响主导用地属性均为商务属性，但工作日与休息日的差异在于工作日商务属性影响因素与其他几类属性用地影响强度差异较大，而休息日商务属性用地与商业、居住、交通几类属性用地之间影响强度差异虽然也超出一倍，但与工作日相比差异小了很多，说明休息日晚高峰地铁进站客流来源相较工作日更多，乘客出行目的更为多元化。根据图 6-14(c) 和图 6-15(c) 晚高峰出站客流影响主导用地属性均为居住属性，与进站乘客相同，休息日其他属性用地对地铁站点出站乘客的影响强度较工作日更强，但不及进站乘客变化大。

根据图 6-14(b) 和图 6-15(b)，工作日商务属性、交通属性、商业属性、行政属性呈现出明显的线性正相关关系；医疗属性用地与客流间呈现明显的线性负相关关系。休息日商务、商业、交通、居住等属性与工作日情况大致相同，与工作日不同的属性在于医疗属性，休息日医疗属性与客流之间呈现出复杂的非线性关系。根据图 6-14(d) 和图 6-15(d)，工作日晚高峰期间居住属性是影响地铁出站客流的最主要因素，休息日晚高峰除居住属性影响明显外，商业、交通以及商务属性用地对出站客流也会产生较强影响。

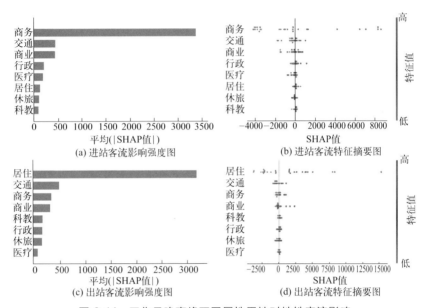

图 6-14　工作日晚高峰不同属性用地对地铁客流影响

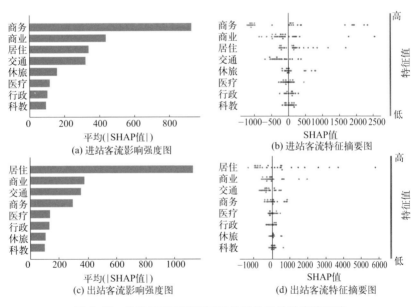

图 6-15　休息日晚高峰不同属性用地对地铁客流影响

数据驱动下的大型城市功能
与客流协同优化研究

（3）早平峰地铁站点影响域各类属性用地对客流量影响分析

根据图 6-16(a) 和图 6-17(a) 不难发现，与早高峰期间类似，居住属性同样也是早平峰期间站点进站客流主导影响因素。影响力第二的用地属性工作日为商务属性，休息日为交通属性，但这两类属性影响力与居住属性比强度减少不少。根据图 6-16(c) 和图 6-17(c)，工作日早平峰期间，商务、行政、医疗、交通、居住属性均是地铁出站客流的主要影响属性，且几类属性对客流影响强度差距呈阶梯状，并未出现进站客流和高峰期某类客流出现的单一属性主导局面；休息日早平峰期间，交通、居住、商务、行政、医疗属性均对地铁站点出站客流有较强影响，几类属性间差距与工作日平峰期间类似。

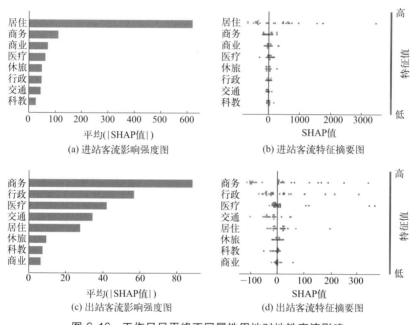

图 6-16　工作日早平峰不同属性用地对地铁客流影响

根据图 6-16(b) 和图 6-17(b)，早平峰期间居住属性用地与进站客流之间的关系与早高峰期间类似，工作日早平峰期间对客流影响强度第二的商务属性强度与地铁站点客流呈明显的负向线性相关关系。根据图 6-16(d) 和图 6-17(d)，工作日早平峰期间，商务、行政、交通属性与出站客流间呈现明显的正向线性相关关系。休息日早平峰期间，交通、居住、商务属性用地与出站客流呈现明显的正向线性相关关系；医疗属性与出站客流呈现明显的负向线性相关关系。

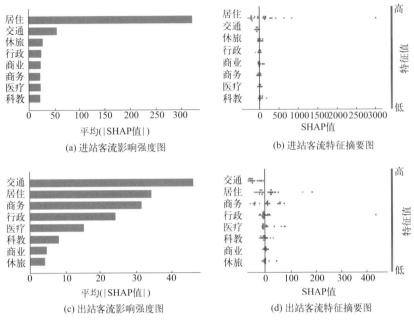

图 6-17　休息日早平峰不同属性用地对地铁客流影响

（4）午平峰地铁站点影响域各类属性用地对客流量影响分析

根据图 6-18(a) 和图 6-19(a)，工作日午平峰进站客流主要影响因素包含商务、居住、交通三类属性；医疗、行政、商业属性对客流也有一定影响，但没有前三类用地属性显著；休息日午平峰进站客流主要影响因素包含居住、商务、交通、商业四类属性。根据图 6-18(c) 和图 6-19(c)，工作日午平峰出站客流主要影响因素与进站客流类似，且各类属性用地对客流影响强度大致相同。休息日午平峰出站客流关键影响因素与工作日大致相同，但四类影响因素差距进一步缩小，对出站客流均表现出较强的影响力。午平峰进出站客流各类影响因素之间的影响强度差别类似平峰期出站客流，几类属性间影响强度有差别，但差别呈阶梯状，并未出现某类属性主导的影响情况。

根据图 6-18(b) 和图 6-19(b)，工作日午平峰期间商务属性、居住属性、商业属性对客流呈现明显的线性正相关关系；交通、行政、医疗、教育等属性对进站客流的影响表现出复杂的非线性关系；休息日午平峰与工作日情况类似。根据图 6-18(d) 和图 6-19(d)，工作日午平峰期间商务、居住、商业三类属性与客流呈现明显的线性正相关关系；休息日午平峰中情况类似。

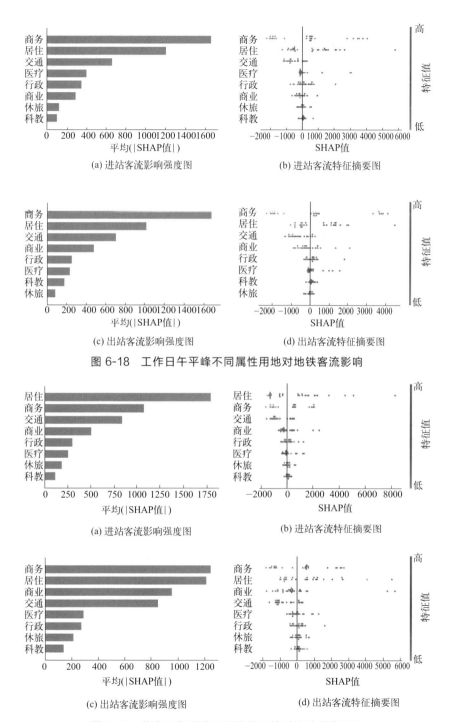

(a) 进站客流影响强度图

(b) 进站客流特征摘要图

(c) 出站客流影响强度图

(d) 出站客流特征摘要图

图 6-18　工作日午平峰不同属性用地对地铁客流影响

(a) 进站客流影响强度图

(b) 进站客流特征摘要图

(c) 出站客流影响强度图

(d) 出站客流特征摘要图

图 6-19　休息日午平峰不同属性用地对地铁客流影响

（5）晚平峰地铁站点影响域各类属性用地对客流量影响分析

根据图 6-20(a) 和图 6-21(a)，工作日晚平峰进站客流主要受商务、商业、交通三类属性影响，其中商务属性影响强度最高；休息日晚平峰进站客流主要受商务、商业、休旅、交通、居住、医疗几类属性用地影响较强，其中影响强度最高的两类用地分别是商务属性和商业属性，以上两类用地对休息日晚平峰进站客流起主要影响作用，其余四类属性影响强度相近，但都远不及商务和商业两类属性。根据图 6-20(c) 和图 6-21(c)，工作日晚平峰出站客流主要影响因素为居住属性，与工作日高峰期类似，居住属性为出站客流主导影响因素。对于休息日晚平峰出站客流，居住属性与交通属性为主要影响因素，与工作日晚平峰相同，居住属性对休息日晚平峰出站客流同样占主导地位。

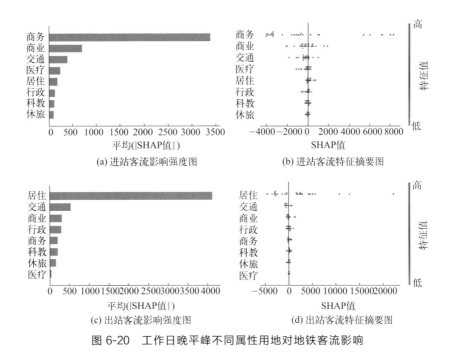

图 6-20　工作日晚平峰不同属性用地对地铁客流影响

根据图 6-20(b) 和图 6-21(b)，工作日晚平峰期商务、商业、交通属性用地与客流呈明显正向线性相关；医疗、行政属性呈明显负向相关。休息日晚平峰期间，商务、商业、休旅以及交通属性用地与进站客流呈明显正向线性相关；医疗、行政属性与客流呈负向线性相关。根据图 6-20(d) 和图 6-21(d)，工作日晚平峰期间，居住、交通属性与出站客流呈明显正向线性关系；休息日晚平峰期间，居住、交通、商务属性用地与出站客流呈明显正向线性关系，行政属性与出站客流呈明显反向线性关系。

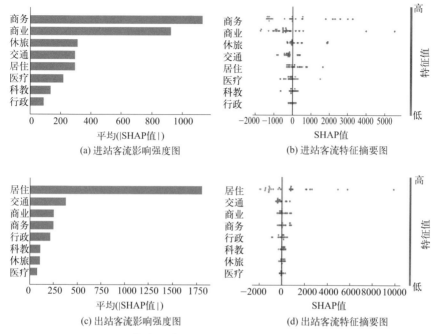

(a) 进站客流影响强度图

(b) 进站客流特征摘要图

(c) 出站客流影响强度图

(d) 出站客流特征摘要图

图 6-21 休息日晚平峰不同属性用地对地铁客流影响

6.4.2 地铁站点影响域用地对站点客流影响结果分析

通过对不同时段高峰、平峰期客流进行分析，可以发现以下规律：

① 对于早间进站客流而言，无论其是工作日还是休息日，也无论其是高峰期还是平峰期，主导属性均为居住属性，且其他属性对客流影响程度极小，这也与实际情况较为符合，早间乘车的乘客无论是什么出行目的，其出发点只能是居住地，这也是其他属性用地对早间进站客流量影响较小的原因。

与之相对应的是早间出站客流，大部分时段早间出站客流主导影响因素为商务属性，只有在休息日早平峰期间交通属性成为地铁站点出站客流的主导影响因素。只有在工作日早高峰时段，商务属性是该时段出站客流的主导影响属性，该时段其他属性用地对客流的影响强度极小。除工作日早高峰时段外，其他早间时段出站客流受各类属性用地影响强度虽有差距，但其基本呈阶梯状分布，并未出现单一属性绝对影响的情况。

② 对于晚间进站客流而言，与早间进站客流类似，不论是工作日还是休

息日，不论是高峰期还是平峰期，对晚间进站客流影响最强的用地属性均为商务属性。工作日高峰及平峰期间，晚间进站客流商务属性为主导影响属性，其他属性用地对客流影响程度极小。休息日高峰及平峰期间，晚间进站客流影响强度最高的因素虽然也是商务属性，但其他属性用地对进站客流的影响也不可忽视。特别是晚平峰期间商务属性与商业属性用地对地铁站点进站客流影响强度基本相同。

相应的晚间出站客流，与早间进站客流影响思路基本相同，由于晚间乘客出站目的多为回家，所以居住属性是晚间出行的主要影响因素。除休息日晚高峰商业、交通、商务属性用地对客流影响强度相对较强以外，其余时段晚间出站客流主导影响因素均为居住属性用地，受其他属性用地影响非常小。

③ 午间时段是一个非常特殊的时段，没有高峰期，均处于平峰期，且其时段较长，乘客出行目的各异，客流特征也与其他时段客流差距较大。对于午间进站客流而言，影响强度最高的两类用地属性仍然为居住和商务，其他类别用地如商业、行政、医疗等属性对进站客流影响也相对较强，以上五类属性用地对工作日及休息日午间客流影响强度基本呈阶梯状分布，影响强度都相对较强。相应的，午间出站客流与午间进站客流情况基本相同，影响最强的前两类用地属性依然是商务与居住，其他几类属性用地对出站客流的影响也相对较大。

通过对地铁站点影响域内用地对客流的影响进行一系列分析，不难发现，不论任何时段，商务、商业、居住三类属性用地对客流的影响都相对较高，而其他类别用地对客流的影响则相对较弱。

小结

本章主要对地铁站点影响域内用地对地铁站点客流需求的影响机理展开研究。利用 Stacking 集成学习框架，针对地铁站点影响域内用地-客流互动研究，对 11 类回归类机器学习模型进行训练、堆叠，构建了地铁站点影响域内用地影响下的客流需求预测模型。Stacking 集成学习模型构建的基学习器训练阶段，对 11 类机器学习预测模型在地铁站点客流需求预测问题中的预测能力进行比较分析，从 11 类模型中选择了预测结果较优的 LR、KNN、Ridge、Lasso、GradientBoost 五类机器学习模型，作为基学习器模型；在对比 KNN、XGBoost、AdaBoost 等五类机器学习模型预测效果后，选择 XGBoost 模型作为 Stacking 集成学习模型的元学习器，利用训练好的集成学习预测模型对地铁站点不同时段客流需求进行预测。结果表明，集成模型在预测精度方面比单一预测模型有了较大提升，尤其是对平峰期、休息日等，单一模型预测效果较差的时段，预测精度显著提高。但对于预测效果最差的休息日早平峰进站客流预测而言，集成模型虽然有一定提升，但结果仍不理想。在站点需求预测模型的基础上，利用 SHAP 算法分析了模型中地铁站点影响域内每类属性用地对地铁站点客流的作用机理，建立起地铁站点影响域与地铁站点客流间的关联关系，为第 7 章地铁站点影响域用地优化打下基础。

城市交通-用地协同优化研究

为解决北京市疏解整治促提升行动中的关键问题，可通过地铁站点影响域内用地优化，推动城市资源合理布局，增加地铁舒适度及运营效益。因此，本章用地优化主要目标是实现区域间发展的均衡以及城市资源分布的合理化配置。根据本书的主要目标，地铁站点影响域用地优化多目标模型共设置两类优化目标，一类是地铁系统的优化，包括站点高峰期乘客滞留率最小化、地铁运营效益最大化两个优化目标；另一类是地铁站点影响域内用地的优化，包括地铁站点影响域内用地混合度最大化、生活品质最优化以及用地冲突度最小化。

根据前面分析，地铁站点影响域内八类属性用地中，对客流影响效应最显著的当数商务、居住和商业三类属性。由于本章主要目的是在"疏整促"背景下对地铁站点影响域内用地进行优化，而当前北京居住属性用地基本属于核心区域增长停滞，市区外围及郊区缓慢增长状态，调减难度相对较大；根据第4章研究，其他几类属性用地对地铁站点客流影响较小。所以在考虑调整用地时，本书主要考虑4号线部分地铁站点商务、商业属性用地的调整。通过商务、商业属性用地调整，实现地铁站点进出站客流需求的改变，以及站点影响域内用地布局的改变，最终实现交通系统和城市资源布局的协同优化。

7.1 交通-用地协同优化研究现状

7.1.1 城市用地优化现状

地铁站点影响域用地优化属于城市土地资源分配问题，城市管理者通过调整不同区域的各类城市用地分布，协调城市中人员流动、交通服务、经济效益等多个相互冲突的目标，实现各目标相对最优的城市用地资源合理空间布局。现有研究中，单从土地层面开展用地优化的研究很多，且已产生一些成功案例。英国于2005年开展的TFL计划，从用地强度、用地开发、周边交通配套、社会经济效益等几个维度对地铁站点影响域内用地开展优化研究，其研究成果表明在地铁站点影响域内进行有利于轨道交通系统运行的用地调整，不但能很好地解决城市交通问题，也能一定程度上为城市发展带来良好的助力。

用地优化研究经过多年的发展，研究重点逐渐从经济效益最优向经济、社会效益兼顾转变，随着近年来民众对自然环境的关注，生态效益也越来越受关注。通常而言，经济效益主要将单位面积土地投入产出作为评价指标。社会效益则以保障人民生活水平作为评价指标，同时对社会效益的评价也有引入公共设施便利度来进行衡量的研究。生态效益目前并无固定的描述方法，有学者采用碳排放等生态效益货币化的方法来评价生态效益，也有学者利用绿地覆盖率等指标进行评价。

用地优化的方法主要包括线性规划、多目标优化、系统动力学、元胞自动机等。早期用地优化方法多集中于线性规划，根据单一的用地优化目标对土地进行优化，但由于考虑层面太少，往往出现不切实际的优化结果。随着研究的深入，更多学者从土地优化的多目标特性出发，为土地优化构建多目标优化模型，用地多目标优化模型多从上述几类指标入手，求解几类效益的帕累托最优解，使得用地的经济效益、社会效益和生态效益均达到相对最优。为了克服多目标优化方法无法解决土地动态优化的短板，部分专家在土地优化中引入系统动力学，但由于土地系统的复杂特性，系统动力学在用地优化时仅能实现数量结构的优化。随着研究的深入，元胞自动机被引入用地优化研究中。元胞自动机的计算规则十分符合用地优化的场景，且元胞自动机具有模拟复杂时空演化特征的能力，是目前最为常见的空间优化算法。但元胞自动机在使用过程中也存在一定问题，其规则设定复杂，需要参数较多，能够模拟的土地空间范围较小，模型中元胞的变化取决于邻域，而微观调整对整个系统的贡献度很小。

针对交通与土地协同优化的研究相对较少，主要集中在两类，一类从市场经济视角出发，一类从政府规划视角出发。市场经济假设条件下，大量研究从拥堵费、车辆排放税等道路收费方式入手，意图通过拥堵费的收取改变居民居住、就业位置的选择，通过研究发现不同费用收取方案会产生截然不同的城市居住、就业空间分布。但此类研究中默认研究对象均为单中心城市，即每个城市只有一个就业中心（CBD），且该中心仅提供就业岗位却不占用空间。后续研究中逐渐放开这一假设，放开假设后的模型由于更贴合实际，从而得到更好的研究结果。Ma、Ng 等先后在此基础上给出居住用地及地铁开发协同优化的优化模型。从政府规划的视角看，Yim 等在固定资金约束条件下，通过对城市资源要素中的住宅、就业、交通等资源进行投资，来预测在不同投资策略下，城市资源要素会产生怎样的改变，进而完成政府投资方案优化。申红田引入城市触媒理论，对每类轨道交通站点可能带来的触媒因子，按照城市更新的需求内涵分为物质性触媒因子、经济性触媒因子、社会文化性触媒因子，结合站点的规模，确定各级站点所具备的触媒因子种类及数量。

7.1.2 多目标优化理论及其在用地优化中的应用

（1）多目标优化基础理论

对于一般的线性、非线性规划问题而言，大部分场景下研究的问题都只有一个目标函数，这类问题也被称作单目标优化问题。但对于复杂的真实问题而言，其研究对象多为一个系统，在对系统进行优化时，往往会出现多个目标，且多个目标之间会存在相互制约、相互矛盾，且同时受一定条件限制，这就需要在给定的研究区域内同时考虑使多个目标尽可能同时达到相对最优状态，通常称此类含有多个目标的最优化问题为多目标优化（规划）。在求解单目标优化问题时，得到的解通常是全局最大或最小值，而在多目标优化中，由于多个目标之间存在矛盾，往往会出现当一个目标达到最优状态时，另一个目标结果会相对较差。因此，多目标优化通常会存在解的集合，这些解被称作非劣最优解集，也即帕累托（Pareto）最优解集。多目标优化问题通常会涉及以下概念。

考虑以下多目标优化问题：

$$\min F(x) = (f_1(x), f_2(x), \cdots, f_m(x))^{\mathrm{T}} \tag{7-1}$$

$$\mathrm{s.\,t.} \begin{cases} g_i(x) \geqslant 0, i = 1, 2, \cdots, q \\ h_j(x) = 0, j = q+1, \cdots, p \end{cases} \tag{7-2}$$

式中，$\boldsymbol{X} = (x_1, x_2, \cdots, x_n)^{\mathrm{T}} \in \boldsymbol{R}^n$；$f_m(x)$ 为多目标优化问题中第 m 个目标；$g_i(x)$ 及 $h_j(x)$ 分别为问题的约束条件。多目标优化的最终目的即寻找 $\boldsymbol{X} = (x_1, x_2, \cdots, x_n)^{\mathrm{T}} \in \boldsymbol{R}^n$ 使得 $F(x)$ 在满足 $g_i(x)$ 和 $h_j(x)$ 条件下时达到最优。多目标优化问题中常常涉及以下基本概念：

定义 2.1 帕累托支配：对于上述多目标优化问题中的任意两个解 X_1，$X_2 \in S$，且 $X_1 \neq X_2$，当存在 $\forall i = 1, 2, \cdots, M$，使得 $f_i(X_1)$ 不劣于 $f_i(X_2)$，且 $\exists j = 1, 2, \cdots, M$ 情况下，$f_j(X_1)$ 优于 $f_j(X_2)$，则称 X_1 支配 X_2，X_2 被 X_1 支配，记作 $X_1 \prec X_2$，此处 X_1 为支配解，X_2 为非支配解。

定义 2.2 帕累托最优解集：在上述多目标优化问题中，假设存在一组解 X^*，当所有 $\boldsymbol{X} \in \boldsymbol{R}^n$ 时，$\boldsymbol{X} \prec X^*$ 存在，此时则称 X^* 是该多目标优化问题的帕累托最优解，所有帕累托最优解构成的解集则称为帕累托最优解集。

定义 2.3 帕累托前沿：由所有非支配解得到的目标函数值集合在解空间中

形成的曲面被称作帕累托前沿，将帕累托前沿记作 PF，有：

$$PF = \{[f'_1(X), f'_2(X)] \mid X \in \text{非支配解}\} \tag{7-3}$$

（2）城市用地多目标优化现状

现有土地优化研究多针对用地优化本身进行研究，大部分研究采用多目标优化理论完成用地的合理化分配。该类早期研究中，主要将人口、土地利用、多种效益等作为优化方向。关于人口的优化目标包括人口总量、人口密度等；土地利用情况的优化目标包括土地开发强度、土地开发规模、不同土地类型容积率、土地资源利用情形等优化目标；效益目标包括社会、经济、生态等多种效益优化。在多目标优化模型的求解中，现有研究多采用模糊动态规划理论、灰色预测算法、模拟退火算法等方法对多目标优化进行求解。随着多目标优化模型求解算法的不断更新，越来越多用地优化研究将智能优化算法应用于土地优化中。Zhang 的研究将政府、行业、土地所有人三方的利益作为优化目标，在其研究中引入 Multi-Agent 系统，在多目标优化模型中的相应层级设置相关的决策规则，并利用粒子群优化算法对长沙市土地利用进行优化。Li 等的研究将真实城市用地规划中先选址再决策的优化过程，利用 Agent 模型进行仿真，进而模拟住宅属性土地利用的增长情况，同时融合了 RL（Reinforcement Learning）算法，利用其表达个体间的交流及个体的学习过程，最后应用南京市数据进行验证，并取得了较为优秀的仿真效果。近期部分研究中，为提高多目标优化模型的求解精度与运行速度，大量学者采用混合多种智能算法或利用前沿新型理论对智能算法进行改进的办法，对多目标优化模型的求解算法进行升级改进。其中包括利用基于博弈论及 GA 的松散耦合模型进行土地空间优化的研究；基于 LR、粒子群、广义退火算法以及 GA 等多种启发式算法构建的 CA 模型的仿真模拟研究；集成 SD 模型、粒子群算法解决离散空间组合优化问题的研究。相较于早期的多目标用地优化研究，以上研究在求解算法上做出了一定改进，以更为复杂的求解算法在一定程度上提升了模型的求解精度。

7.2 地铁站点影响域用地多目标优化研究

7.2.1 地铁站点影响域用地优化多目标模型

（1）模型假设

为控制模型规模，简化模型计算，首先对模型进行假设如下：

① 模型对于地铁实际运营过程中因种种原因造成突发的列车延误、晚点等现象不予考虑，认为地铁列车完全按图运行。

② 模型假设研究中使用地铁 AFC 数据中的乘客均是经过长时间演化后形成稳定选择出行规律后产生相应的出行选择行为，假设乘客对路径的选择已趋于稳定。

③ 模型假设出站乘客不会对地铁站点承载力带来影响，乘客下车后即可出站，出站乘客不会造成站台拥塞。

④ 模型假设乘客为理性乘客，其在选择出行路径时总会选择最短路径。

⑤ 模型假设离散后的某时间片段内，乘客均匀进入地铁站点，且乘客流量不超过站台承载能力。

在此假设的前提下，构建地铁站点影响域用地多目标优化模型。

（2）变量定义

本书构建的地铁站点影响域用地多目标优化模型涉及变量见表 7-1。

◆ 表 7-1 模型变量

集合/变量	含义
S	线网节点集合，代表地铁线网中每个地铁站点，$s_i \in S$
D	路段集合，代表线路中存在的节点间的路段，$d(s_i, s_{i+k}) \in D$
L	线路集合，代表地铁运营线路，$l_t \in L$
A	用地强度，代表每类用地强度 $a_i \in A$
$P_{s_i}^{t_j}$	地铁站点 s_i 在 t_j 时段的净客流量，$P_{s_i}^{t_j} = P_{s_i}^{t_j}(ON) - P_{s_i}^{t_j}(OFF)$
$P_{s_i}^{t_j}(ON)$	地铁站点 s_i 在 t_j 时段的进站客流量
$P_{s_i}^{t_j}(OFF)$	地铁站点 s_i 在 t_j 时段的出站客流量
$P_{s_i}^{t_j}(TRAF-ON)$	地铁站点 s_i 在 t_j 时段的换乘进站客流量
$P_{s_i}^{t_j}(TRAF-OFF)$	地铁站点 s_i 在 t_j 时段的换乘出站客流量
$P_{s_i}^{t_j - Train_n}(stay)$	地铁站点 s_i 在 t_j 时段 $Train_n$ 列车无法上车的乘客数量
$\widehat{P}_{s_i}(A'_i)$	优化后用地 A'_i 情况下地铁站点 s_i 全天客流量预测值
$\widehat{P}_{s_i}^{ON-T}(A'_i)$	优化后用地 A'_i 情况下地铁站点 s_i 在 T 时段进站客流量
$\widehat{P}_{s_i}^{OFF-T}(A'_i)$	优化后用地 A'_i 情况下地铁站点 s_i 在 T 时段出站客流量
P_{s_i}	地铁站点 s_i 一天之内进站、出站总客流量
$P_{d_{s_i, s_{i+1}}}^{t_j}$	线路区段 $d(s_i, s_{i+1})$ 在时间 t_j 时间段的区段客流量
$P_{d_{s_i, s_{i+1}}}^{T_{normal}}$	高峰时段之前时间段 T_{normal} 累积客流对线路区段 $d(s_i, s_{i+1})$ 在 t_j 时刻的影响

集合/变量	含义
$\delta^{t_j}_{s_i \to d\langle s_i, s_{i+1}\rangle}$	拟合参数，表示地铁站点 s_i 在时间 t_j 的净客流量在区段 $d\langle s_i, s_{i+1}\rangle$ 中的分布关系
T_{normal}	地铁运营平峰时段
T_{busy}	地铁运营高峰时段
η^t_d	高峰期时段 t 地铁车厢拥挤度
$q^{t_j - Train_n}_{s_i}$	站点 s_i 高峰期内 t_j 时刻第 n 列列车乘客无法上车的概率
$Stay^{t_j}_{s_i}$	高峰期站点 s_i 在 t_j 时刻的旅客滞留率
$\tau^h_{s_i}$	站点 s_i, b 类属性用地在站点影响域内所有用地的占比
$C^{t_j}_d$	区段 d 在时间 t_j 的最大运能
$I^l_{s_i}$	高峰期线路 l 的开行间隔
T_{t_j}	时间长度
C_f	不同车型列车定员标准
a^k_i	站点 s_i 第 k 种用地强度
$r^{t_j}_{s_i}$	站点设计客流载荷

（3）优化目标

对于地铁系统的优化，主要从提升地铁乘坐感受以及提升地铁运营效益两个方向进行考虑。从提升乘坐体验的角度看，在设计多目标优化模型的优化目标时，将地铁系统中的高峰期站点乘客滞留率作为衡量乘坐体验的主要指标；从提升地铁运营效益的角度看，由于地铁的效益主要来自客票，运送乘客数量越多，自然效益越好，所以将地铁进出站客流总量作为衡量地铁运营效益的主要指标。将以上两个指标作为地铁站点影响域内用地多目标优化模型中地铁系统优化的目标，以期通过站点影响域内用地调整，改变地铁客流需求，进而实现高峰期车厢拥挤度合理化、站点乘客滞留率最小、地铁运营经济效益最优的目标。

另一方面，从城市规划的角度看，以精明增长、新城市主义、紧凑城市为代表的城市规划理念认为分离的土地利用方式会导致过长的通勤时间、交通拥堵、空间污染、低效的能源消耗、开敞空间损失以及职住不平衡等多种问题，而混合的土地利用方式被认为是解决这些问题的重要手段。Mercado 以及 Maoh 等一系列研究人员的研究证明，用地混合度越高，发生职住分离、交通问题等大城市病的概率就越低，就越能降低交通拥堵等问题的产生，使居民生活便利度、出行的满意度都能更高。北京市疏整促工作的另一主要目标就是打造宜居生活空间，站点影响域内用地的居住生活品质也成为站点影响域用地优化的目标之一。在现有用地优化研究中，不同属性用地之间的用地冲突程度也是研究人员经常考虑的一个问题，本书中，同样将地铁 4 号线经过区域内不同属性用地间的冲突度作为优化目标之一。

根据以上分析，本章中构建的多目标优化模型包含五个优化目标，分别是高峰期站点乘客滞留率最小、地铁运营经济效益最优、站点影响域内用地混合度最高、站点影响域内生活品质最优以及站点影响域内用地冲突程度最小。通过对五个用地目标进行优化，得到地铁站点影响域内用地的优化配置方案，为北京市疏整促工作用地资源调整提供辅助决策支持。

1）工作日高峰期站点乘客滞留率最小

① 地铁站点-区段客流量关系描述。

线路区段断面客流量是计算地铁站点滞留率的依据，断面客流量取决于地铁线网中各地铁站点客流量，分析线路断面客流量时，重点要考虑的是在进出站客流发生变化时，线路区段内客流如何变化，客流经过传导会对后续站点产生怎样的影响。线路区段客流与站点客流之间的关系，本质是地铁线网中的乘客以地铁列车为载体，在时间和空间两个维度上的演化过程。从空间维度看，乘客随着地铁列车在线网中经过不同的线路区段，这一过程中，线网客流的变化具有顺序叠加的特征；从时间维度看，如果某一个站点在某一时段进站客流与出站客流未达到平衡，那么本时段的客流就会对下一时段线路区段客流量产生影响，所以从时间维度看，地铁站点客流量对地铁线网区段流量的影响存在滞后性的特点。

本书中，构建北京地铁加权有向线网拓扑模型分析站点-区段客流关系，记北京地铁拓扑网络模型为 $G(S, A, L)$。其中，$S = \{s_1, s_2, \cdots, s_i\}$ 为网络中节点，表示北京地铁线网中所有的地铁站点；$D = \{d(s_1, s_2), \cdots, d(s_i, s_{i+k})\}$ 为网络中连边，表示地铁站点间线路；$L = \{l_1, l_2, \cdots, l_t\}$ 表示地铁线网中所有的线路。假设地铁站点 s_0 在 t_0 时段内站点客流量为 $P_{s_0}^{t_0}$，假设 t_0 时段内开行列车班次为 $Train_1$、$Train_2$、$Train_3$。s_i 站点在 t_j 时段上车的乘客对列车经过的每个线路区段客流量均产生影响。因此，我们需要对 t_j 时段线路区段客流量 $P_{d_{s_i, s_{i+1}}}^{t_j}$ 和 t_j 时段地铁站点客流量 $P_{s_i}^{t_j}$ 之间的关系进行描述。

② 地铁站点-区段客流量关系计算。

由于用地资源布局不合理，地铁 OD 中存在大量长距离出行客流，在高峰期时，受地铁运输能力限制，列车起始站附近的乘客长时间占据车厢空间，中间站点乘客便会出现难以上车或上车拥挤的情况，进而产生站点乘客滞留。为了明确站点客流量对每个区段客流量的影响，本节对高峰期站点-线路区段间客流量进行研究。根据地铁站点客流一天内不同时段变化规律，构建地铁站点-线路区段客流关系矩阵，将高峰期线路区段客流量用地铁站点客流量与关系矩阵的乘积表示，进而求得高峰期不同时段线路区段拥挤程度。要研究地铁站点与线路区段之间的客流量关系，就需要将现实中连续的客流进行离散化。将高峰时段时间 T_{busy} 离散化，形成 M 个长度为 T_{busy}/M 的时间段 t_j，$j=0$，$1,\cdots,M-1$。在高峰期内，对于地铁站点 $s_i \in S$ 和线路区段 $d(s_k,s_{k+1}) \in D$，在每个时间段 t_j 内，线路区段 $d(s_k,s_{k+1})$ 的区段客流量计作 $P_{d_{s_i,s_{i+1}}}^{t_j}$，区段客流量与每个车站客流量 $P_{s_i}^{t_j}$ 之间的关系如下：

$$P_{d_{s_i,s_{i+1}}}^{t_j} = P_{s_i}^{t_j} \times \delta_{s_i \rightarrow d(s_i,s_{i+1})}^{t_j} + P_{d_{s_i,s_{i+1}}}^{T_{normal}} ,0 \leqslant i \leqslant N,j \geqslant 0 \tag{7-4}$$

$$P_{s_i}^{t_j} = P_{s_i}^{t_j}(ON) + P_{s_i}^{t_j}(TRAF-ON) - P_{s_i}^{t_j}(OFF) - P_{s_i}^{t_j}(TRAF-OFF) \tag{7-5}$$

式中，$P_{s_i}^{t_j}$ 为地铁站点 s_i 在时间 t_j 下的净客流，由四部分组成，分别是刷卡进站客流 $P_{s_i}^{t_j}(ON)$、换乘进站客流 $P_{s_i}^{t_j}(TRAF-ON)$、刷卡出站客流 $P_{s_i}^{t_j}(OFF)$、换乘出站客流 $P_{s_i}^{t_j}(TRAF-OFF)$。其中，在计算换乘进出站客流时，假设乘客完全理性，在选择出行线路时均选择最短线路作为出行路线，在此条件下对 4 号线上换乘站点换乘客流量进行计算。

$P_{d_{s_i,s_{i+1}}}^{t_j}(T_{normal})$ 即高峰期之前进站客流在地铁线网中流转后，在高峰期时间段 t_j 内，经过线路区段 $d(s_k,s_{k+1})$ 的客流量。这些乘客在高峰期前就已进入地铁线网中，此处线路区段中此类乘客流量利用客流图计算方法进行推算。

$\delta_{s_i \rightarrow d(s_i,s_{i+1})}^{t_j}$ 为线性拟合模型中的拟合参数，表示地铁站点 s_i 在高峰期时间段 t_j 中进站客流量 $P_{s_i}^{t_j}$ 与线路区段 $s_k - s_{k+1}$ 之间的分布关系。相应的，当地铁系统客流 OD 对越趋于稳定时，拟合程度越高。

地铁线网 OD 源于乘客自主选择过程，此处假设乘客完全理性，在选择地铁出行时都会选择距离最短方案出行。根据地铁刷卡数据，利用客流图计算方法推算区段客流量 $P_{d_{s_i,s_{i+1}}}^{t_j}$ 与站点客流 $P_{s_i}^{t_j}$ 之间关系，$\delta_{s_i \rightarrow d(s_i,s_{i+1})}^{t_j}$。则此时针对任意车站，有：

$$\delta_{s_i \rightarrow d(s_i,s_{i+1})}^{t_j} = \frac{\partial P_{d_{s_i,s_{i+1}}}^{t_j}}{\partial P_{s_i}^{t_j}} \tag{7-6}$$

假设 $P_{d_{s_i \cdot s_{i+1}}}^{t_j}$ 在 t_j 时间段内，通过 s_i 站点进入区段 $d(s_k , s_{k+1})$ 的客流量 $P_{d_{s_i \cdot s_{i+1}}}^{t_j}$ 为关于 $P_{s_i}^{t_j}$ 的线性函数，那么有：

$$P_{d_{s_i \cdot s_{i+1}}}^{t_j} = a_i \times P_{s_i}^{t_j} + b \qquad (7\text{-}7)$$

根据地铁刷卡数据，利用最小二乘法求得 a 与 b 的值。由于线路区段 s_k、s_{k+1} 中任意站点 s_k 进站客流量相互独立，那么有：

$$\delta_{s_i \to d(s_i \cdot s_{i+1})}^{t_j} = \frac{\partial P_{d_{s_i \cdot s_{i+1}}}^{t_j}}{\partial P_{s_i}^{t_j}} = \frac{\partial \sum_i p_{s_i \to d(s_k \cdot s_{k+1})}}{\partial P_{s_i}^{t_j}} = a_{s_i} \qquad (7\text{-}8)$$

根据上述推导，构建地铁站点-线路区段客流量的时间离散拟合矩阵，用以表达线路区段客流量：

$$P_d = P_s \sum_1^M \delta_{s \to d}^{t_j} + P_d^{t_j}(T_{\text{normal}}) \qquad (7\text{-}9)$$

$$[P_{d_1}] = [P_{s_1} \ P_{s_2} \ \cdots \ P_{s_i}] \times \left(\begin{bmatrix} \delta_{d_1}^{s_1} \\ \delta_{d_1}^{s_2} \\ \vdots \\ \delta_{d_1}^{s_i} \end{bmatrix}_{t_1} + \begin{bmatrix} \delta_{d_1}^{s_1} \\ \delta_{d_1}^{s_2} \\ \vdots \\ \delta_{d_1}^{s_i} \end{bmatrix}_{t_2} + \cdots + \begin{bmatrix} \delta_{d_1}^{s_1} \\ \delta_{d_1}^{s_2} \\ \vdots \\ \delta_{d_1}^{s_i} \end{bmatrix}_{t_M} \right) + [P_d^{t_j}(T_{\text{normal}})]$$

$$(7\text{-}10)$$

式中，P_d 用于表征线路区段客流量；P_s 用于表征地铁站点客流量；$\delta_{s \to d}^{t_j}$ 为地铁站点与线路区段间客流量比例矩阵；$\delta_{s \to d}^{t_j} = [\delta_{d_{1-k} \cdot s_1} , \delta_{d_{2-k} \cdot s_2} , \cdots , \delta_{d_{i-k} \cdot s_i}]_{t_j}^T$。利用地铁站点-线路区段客流量时间离散拟合矩阵进行迭代计算，得到不同站点客流量下线网客流分布情况。

当前北京地铁在早晚高峰时普遍存在站点限流、站点乘客延误等现象，对于每个站点而言，延误、限流程度不同。地铁站点影响域内用地配置不合理，进而使得高峰期短时间地铁站点客流量太大，超出了地铁系统的承载力，这是地铁站点限流、乘客限流的直接原因，短时间内给地铁乘客带来了一定程度的不便。乘客对站点滞留率感受最明显的时段出现在工作日早高峰期间，所以本部分将地铁站点工作日早高峰站点乘客滞留率最小化作为优化目标之一。

根据式（7-9）和式（7-10）地铁站点-区段客流量关系对站点延误乘客进行推算，站点 s_i 高峰期内 t_j 时刻第 m 列列车乘客无法上车的概率为 $q_{s_i}^{t_j - Train_m}$，假设高峰期内每个时间段 t_j 内进站客流均匀，随着 t_j 时段乘客滞留，后续时段客流会越聚越多，乘客等候时间就会越久，后续经过第 $m+1$ 趟列车乘客能

数据驱动下的大型城市功能
与客流协同优化研究

够上车的概率为 $\left(q_{s_i}^{t_j-Train_{m+1}}\right)^m\left(1-q_{s_i}^{t_j-Train_{m+1}}\right)$，由此能够得到 t_j 时刻经过第 m 趟列车后滞留站台的期望为：

$$E(s_i)=\left(q_{s_i}^{t_j}q_{s_i}^{t_j-Train_1}\right)\left(1-q_{s_i}^{t_j-Train_1}\right)+2\left(q_{s_i}^{t_j-Train_2}\right)^2\left(1-q_{s_i}^{t_j-Train_2}\right)$$

$$+\cdots+(m-1)\left(q_{s_i}^{t_j-Train_m}\right)^{m-1}\left(1-q_{s_i}^{t_j-Train_m}\right)$$

$$=q_{s_i}^{t_j-Train_m}/\left(1-q_{s_i}^{t_j-Train_m}\right) \tag{7-11}$$

记 t_j 时刻经过站点 s_i 的列车数量为 m，$Stay_{s_i}^{t_j}=q_{s_i}^{t_j-Train_m}/$ $(1-q_{s_i}^{t_j-Train_m})$ 为站点 s_i 在 t_j 时段的滞留率，滞留率越大，乘客滞留时间越长，乘客无法上车概率越高，反之亦然。乘客无法上车的概率是对时段客流登车概率的统计量，具有集计特征，假设乘客在高峰时段内均匀到达站点，当发车间隔足够小时，$q_{s_i}^{t_j-Train_m}$ 可改写为式(7-12)，其中，$P_{s_i}^{t_j-Train_m}(stay)$ 为滞留乘客数量。

$$q_{s_i}^{t_j-Train_m}=\frac{q_{s_i}^{t_j-Train_m}(stay)}{q_{s_i}^{t_j-Train_m}} \tag{7-12}$$

$$P_{s_i}^{t_j-Train_m}=P_{s_i}^{t_j}\times I_l/t_j \tag{7-13}$$

$$P_{d_{s_i,s_{i+1}}}^{t_j}=\sum_i\left(P_{s_i}^{t_j}\times\delta_{s_i\rightarrow d(s_i,s_{i+1})}^{t_j}\right)+P_{d_{s_i,s_{i+1}}}^{T_{normal}} \tag{7-14}$$

对于滞留乘客数量 $P_{s_i}^{t_j-Train_m}(stay)$ 有如下表达：

$$P_{s_i}^{t_j-Train_m}(stay)=P_{s_i}^{t_j}+P_{d_{s_{i-1},s_i}}^{t_j}-P_{d_{s_i,s_{i+1}}}^{t_j}$$

$$=P_{s_i}^{t_j}+P_{s_i}^{t_j}\times\delta_{s_i\rightarrow d(s_i,s_{i+1})}^{t_j}-P_{s_{i-1}}^{t_j}\times\delta_{s_{i-1}\rightarrow d(s_{i-1},s_i)}^{t_j}$$

$$\tag{7-15}$$

根据此，优化目标 Z_1 如下：

$$\min(Z_1)=\sum_i\sum_j Stay_{s_i}^{t_j}=\sum_m\sum_i\sum_j q_{s_i}^{t_j-Train_m}/\left(1-q_{s_i}^{t_j-Train_m}\right) \tag{7-16}$$

2）地铁运营经济效益最大化

轨道交通建设需要投入大量资金，但地铁系统同时属于公共福利设施，票价定价无法完全按照市场化规则进行，大部分城市的市内轨道交通都处于亏损状态。对于本书中第一个优化目标而言，降低地铁站点影响域内用地强度时，地铁客流需求减少，站点乘客滞留率自然会下降，但这样的优化方案会大大降低地铁系统的乘客需求，加剧地铁系统的亏损，同时也违背了用地集约高强度开发的城市开发原则。地铁系统收益主要来自乘客客票，乘车乘客越多，地铁效益越好。所以在第二个优化目标中，将地铁站点全天进出站客流总量作为表征地铁运营经济效益的值，其目的在于在满足地铁站点乘客滞留率相对小的情况下，同时保证地铁系统的收益。利用第5章客流预测模型，将站点影响域用地调整后，包括休息日早中晚高峰、平峰；工作日早中晚高峰、平峰期在内的十种时段客流量之和，即工作日日均客流与休息日日均客流之和作为站点客流量优化目标之一，优化目标 Z_2 如下。

$$\max(Z_2) = \max\left(\sum \hat{P}_{s_i}(A'_i)\right) = \sum_{Time}\sum_i Stacking_{s_i}^{Time}(A'_i) \quad (7\text{-}17)$$

式中，$\hat{P}_{s_i}$ 为用地调整后的站点预测客流；A_i 为地铁站点 s_i 八类用地属性向量；$Time$ 为第5章不同时段 Stacking 客流需求集成预测模型。

3）站点影响域用地混合度优化

现有研究中，用地混合度是衡量区域用地发展时常用的目标之一。大量研究表明，混合的土地利用方式是增加土地利用集约度，解决区域用地分布不均衡的有效手段。既有研究中对于用地混合度优化主要参考物理学中信息熵理论进行计算，有些研究基于用地面积进行优化，不同种类用地面积差异越小，则熵值越大，意味着混合度越高；还有一部分研究基于 POI 数据点个数进行优化，不同种类 POI 数据点差距越小，则熵值越大，意味着混合度越高。城市资源依附于土地，既有研究中城市用地优化问题可视作本书中站点影响域内城市资源优化的问题，参考用地优化中用地混合度的概念，对站点影响域内资源混合度进行优化。对用地混合度的计算参考 Cervero 等的研究，以第3章中站点影响域内用地强度为基础，将站点影响域内每类用地强度占区域开发总强度之比作为站点用地混合度。站点影响域内各类型用地强度计作 $A_i = \langle a_i^{live}, a_i^{traf}, a_i^{busi}, a_i^{comer}, a_i^{gov}, a_i^{relax}, a_i^{edu}, a_i^{hosp}\rangle$，$a_i^b$ 代表站点 s_i 的第 b 种属性用地，$Landmix$ 为站点影响域内不同种类资源的混合度，站点影响域内用地混合度值在 $[0,1]$ 范围内变化，值越接近1，则混合度越高，反之混合度越低。于是有站点影响域资源混合度优化目标 Z_3 如下：

$$\tau_{s_i}^b = a_i^b \bigg/ \sum_{b=1,2,\cdots,8} a_i^b \quad (7\text{-}18)$$

$$Landmix(s_i) = -\sum_{b=1}^{8} \tau_{s_i}^b \times \log_{10}\tau_{s_i}^b \quad (7\text{-}19)$$

$$\max(Z_3) = \max(Landmix) = -\sum_{i=1}^{k}\sum_{b=1}^{8} \tau_{s_i}^b \times \log_{10}\tau_{s_i}^b \quad (7\text{-}20)$$

4）站点影响域生活环境品质最优化

《北京市"十四五"时期城市管理发展规划》中提出要改善城市区域生活

品质，优化城市空间格局，地铁站点影响域作为城市空间中的重点区域，更应构建良好的生活环境，因此本章优化模型中将站点影响域生活环境品质优化作为优化目标之一。区域内生活品质主要指区域内居民的生活便利性、就医便利性、环境舒适性、交通便利性以及用地开发程度四种。生活便利性主要指居民采购等日常生活需求服务的供给能力，对应本书中八类用地属性中的商业属性；就医便利性主要指区域内居民获得医疗服务的便利性，对应本书八类用地属性中的医疗属性；环境舒适性主要指区域内公园、景点等休闲区域覆盖能力，对应八类用地属性中的休旅属性；对于交通便利性而言，主要指站点影响域内居民获得交通服务的便利程度，对应本书中交通属性；对于用地开发程度，现有研究多将居住属性、商务属性用地开发强度与周边休旅、商业、医疗等公共服务用地强度之比来衡量。在现有研究的基础上，本章将站点影响域内生活品质定义为居住属性、商务属性用地与休旅、医疗、商业、交通四类属性用地强度的比值，比值越小，则说明站点影响域内生活品质越好，如下：

$$\min(Z_4) = \sum_{i=1}^{k} \frac{a_i^{\text{live}} + a_i^{\text{busi}}}{a_i^{\text{relax}} + a_i^{\text{hosp}} + a_i^{\text{comer}} + a_i^{\text{traf}}} \tag{7-21}$$

5）站点影响域用地格局冲突最小

用地格局冲突主要由于城市资源的稀缺性导致的空间资源竞争与分配过程中形成的对立现象。城市一定范围内用地结构比例失调、用地类型组合形式不当、区域间用地组合配置不合理，都是造成城市用地空间冲突的因素。既有研究对于用地冲突的研究主要集中于城-郊-村不同主体间用地之间的冲突；生态-生产-生活之间冲突；城市不同类别建设用地之间的冲突。本书着重考虑城市不同类型建设用地之间的冲突，将站点影响域内、站点影响域之间不同属性用地格局冲突最小化作为最后一个优化目标。此处参考贺艳华的研究，选用邻接兼容指数来表征站点影响域内用地格局冲突。邻接兼容指数主要指一定范围区域内邻接范围内用地配合是否合理，各类用地之间兼容性是否合理。从邻接兼容性来看，商务属性用地与居住属性用地兼容性最低，商业属性用地与居住属性用地兼容性次之，本书将地铁 4 号线经过四个区域内站点的商务、商业、居住属性用地之间的强度比重作为区域内用地不兼容指数的表征，值越大，不兼容指数越高，区域用地冲突度越高，针对某一地铁站点 i，见式(6-19)，其中 α 为商务属性用地对居住属性用地负面效应，β 为商业属性用地对居住属性用地负面效应，参考贺艳华的研究，此处 $\alpha = 2$，$\beta = 1$。

$$\min(Z_5) = \sum_{i=1}^{35} \frac{\alpha a_i^{\text{busi}} + \beta a_i^{\text{comer}}}{\alpha_i^{\text{live}}} \tag{7-22}$$

（4）约束条件

1）高峰期地铁车厢拥挤度

从《北京市交通发展年度报告》（2018）公布的数据来看，2017年北京80%的线路在高峰时段均存在部分超载运行线路区段，地铁线网拥挤程度较高，高峰期断面拥挤度大，地铁乘客乘坐体验极差。就本章研究对象北京地铁4号线而言，通过对北京地铁刷卡数据进行分析，不难发现在工作日高峰时段，4号线西红门-西直门之间均处于超载状态，其中陶然亭-菜市口区段早高峰期间车辆以额定载客量的128%运行，在西红门-西直门之间其他站点也均超过100%。调整用地布局能够显著改善地铁站点客流需求，从而影响区段客流分布。为了优化高峰期乘客乘车体验，将高峰期地铁车厢拥挤度作为第一个优化目标。传统研究通常将车厢立席密度定义为车厢拥挤度，车厢立席密度即单位面积站立乘客人数（人/m²）。本书参考《城市轨道交通运营技术规范》（GB/T 38707—2020）中相关要求对车厢立席密度进行计算，即车内面积减去坐席面积。本书中研究对象北京地铁4号线为6节编组的B型列车，根据李婉君的研究，6节编组的B型车总站立面积 $area_{stand}=204.54m^2$，一列车座位数 $P^{seat}=276$。记 $\eta_{d(s_i,s_{i+1})}^{t_j}$ 为高峰期 t_j 时段 $d(s_i,s_{i+1})$ 区段内地铁车厢拥挤度，其表达式如下：

$$\eta_{d(s_i,s_{i+1})}^{t_j} = \frac{P_{d_{s_i,s_{i+1}}}^{t_j} - P^{seat}}{area_{stand}} = \frac{\sum_i (P_{s_i}^{t_j} \times \delta_{s_i \to d(s_i,s_{i+1})}^{t_j}) + P_{d_{s_i,s_{i+1}}}^{T_{normal}} - P^{seat}}{area_{stand}}$$

$$(7\text{-}23)$$

根据沈景炎等的研究，当车厢内拥挤度在6（人/m²）时，每位站立乘客拥有0.5m×0.33m的空间，此时乘客处于不宽松、不拥挤、可以稍作活动的状态，是舒适度的临界状态；当车厢内拥挤度在7（人/m²）时，乘客会感到一定程度的拥挤，站立范围稍有突破；当车厢内拥挤度达到8（人/m²）时，乘客间会有身体接触，乘客感受比较拥挤；当车厢内拥挤度达到9（人/m²）时，站立乘客突破立席范围，会挤入座位，乘客感觉十分拥挤；当车厢内拥挤度达到10（人/m²）时，站立乘客挤入座位，感受极为拥挤，且会影响上下车时间，属于极端情况。对于本书而言，当客流量高于运力太多时，则会导致区段内车辆拥挤度过高，乘坐体验变差；而当客流量低于运力太多时，则会导致列车使用率降低，地铁收益减少。为了平衡乘客乘坐体验以及地铁公司收益，对车厢拥挤度进行约束如下：

$$6 \leqslant \eta_{d(s_i,s_{i+1})}^{t_j} \leqslant 8 \qquad (7\text{-}24)$$

2）区间运能约束

模型约束条件中，区间运能限制约束是该模型的核心约束，即高峰期每个时间片段内实际区段客流量不能超过该区段运能，有约束如下：

$$P_d^{t_j} \leqslant C_d^{t_j} \qquad (7\text{-}25)$$

根据区段客流量拟合矩阵，式（7-25）可以改写为：

$$\sum_i \left(P_{s_i}^{t_j} \times \delta_{s_i \to d(s_i, s_{i+1})}^{t_j}\right) + P_{d_{s_i, s_{i+1}}}^{T_{\text{normal}}} \leqslant C_f \leqslant \frac{t_j}{I_l} \qquad (7\text{-}26)$$

3）用地开发强度约束

在对地铁站点影响域用地进行调整时，应满足用地开发强度限制，本书中对于用地开发强度限制主要参考《城市用地分类与规划建设用地标准》（GB 50137—2011），同时根据各地铁站点影响域内用地现状对站点影响域内用地调整范围进行限制。根据标准中相关要求，对站点 s_i 各类用地强度 a_i^k 有如下约束：

$$0.05 \leqslant \frac{a_i^{\text{busi}}}{\sum x_{s_i}^k} \leqslant 0.3 \qquad (7\text{-}27)$$

$$0.1 \leqslant \frac{a_i^{\text{comer}}}{\sum a_i^k} \leqslant 0.25 \qquad (7\text{-}28)$$

$$2.34 \leqslant \sum_i a_i^{\text{busi}} \leqslant 3.52 \qquad (7\text{-}29)$$

（5）站点影响域用地优化模型构建

根据上文阐述，可得到多目标优化模型如下：

$$\min(F(A)) = [f_1(A), f_2(A), f_3(A), f_4(A), f_5(A)] \qquad (7\text{-}30)$$

s. t.

$$\begin{cases} 6 \leqslant \eta_{d(s_i, s_{i+1})}^{t_j} \leqslant 8 \\ \sum_i \left(P_{s_i}^{t_j} \times \delta_{s_i \to d(s_i, s_{i+1})}^{t_j}\right) + P_{d_{s_i, s_{i+1}}}^{T_{\text{normal}}} \leqslant C_f \times \frac{t_j}{I_l} \\ 0.05 \leqslant \frac{a_i^{\text{busi}}}{\sum a_i^k} \leqslant 0.3 \\ 0.1 \leqslant \frac{a_i^{\text{comer}}}{\sum a_i^k} \leqslant 0.25 \\ 2.34 \leqslant \sum_i a_i^{\text{busi}} \leqslant 3.52 \end{cases} \qquad (7\text{-}31)$$

7.2.2 基于 NSGA-Ⅲ的多目标优化模型求解

非支配遗传算法及其改进算法（Non-dominated Sorting Genetic Algorithm，NSGA）是解决多目标优化问题最常用、最经典的算法。NSGA-Ⅱ是Srinivas 和 Deb 等于 2000 年提出的一种基于 NSGA 的改进算法，其最大的改进是引入快速非支配排序算法，大幅降低了计算的复杂度，提升了算法的鲁棒性。NSGA-Ⅲ算法与 NSGA-Ⅱ算法框架基本相似，两类算法的本质区别在于对临时种群不同分层中部分个体的选择过程。NSGA-Ⅱ采取基于拥挤度距离进行选择，而 NSGA-Ⅲ采用基于参考点的选择机制进行选择。相较于 NSGA-Ⅱ，NSGA-Ⅲ在目标数三个或三个以上的问题中具有更优秀的处理能力。因此，本书在 NSGA-Ⅲ的基础上对其进行改进，用以解决本书地铁站点影响域内用地多目标优化模型。

（1）算法框架

Algorithm of NSGA-Ⅲ

1：Generate a set of reference points Λ

2：$P_0 \leftarrow$ initialize Pop(popsize)

3：**while** $t < Maxgen$ **do**

4：   Crossover：$Q_t \leftarrow$ crossover $[P_t, pc]$

5：   Mutation：$Q_t \leftarrow$ mutate $[P_t, pm]$

6：   Fitness：$Q_t \leftarrow$ assess Fitness (Q_t)

7： $R_t \leftarrow Q_t \cup P_t$

8： $(F_1, F_2, \cdots) = Non-dominated-sort(P_t)$

9：   **repeat**

10： $S_t = S_t \cup F_i$ and $i = i+1$

11：   **until** $|S_t| \geqslant N$

12：   Last front to be included：$F_1 = F_i$

13：   **if** $|S_t| = N$ **then**

14： $P_{t+1} = S_t$，break

15：   **else**

16： $P_{t+1} = \sum_{j=1}^{l-1} F_j$

17：   Points to be chosen from F_l：$K = N - |P_{t+1}|$

18：   **if** $Random() > t/Maxgen$ **then**

19： $G_t = calculate\ node\ degree\ order\ by\ DESC(F_i)$

20：   Choose top K members from G_t to construct P_{t+1}

22：   **else**

23：   Normalize (fn, St, Zr, Zs, Za)

24： $[\pi(s), d(s)] = Associate(S_t, Z^r)$

25：   niche count of reference point $j \in Z^r$：$\rho_j = \sum_{s \in S_t/F_l}((\pi(s) = j)\ ?\ 1;0)$

26：   Choose K members one at a time from F_l to construct

            P_{t+1}：Niching$(K, \rho_j, \pi, d, Z^r, F_l, P_{t+1})$

27：   **end if**

28：   **end if**

29：**end if**

NSGA-Ⅲ算法流程见伪代码。首先，生成参考点集合 $\Lambda = \{\lambda_1, \lambda_2, \cdots, \lambda_m\}$，对于 Λ 中的任意 λ_i，有 $i \in (1, 2, \cdots, m)$，且每个 λ_i 均为一组 n 维向量；之后，初始化种群，随机产生一组初始进化种群 $P(0) = \{x_1, x_2, \cdots, x_m\}$；继而，求得 $P(0)$ 中每一维极小值，得到初始化理想值 z^*，并更新第 15 步中 $S(t)$ 的理想值；最后，不断迭代第 6～26 步直至条件满足。在算法迭代时，首先，在父代种群 $P(t)$ 中使用交叉和变异的方法（进化算子）得到子代种群 $Q(t)$；之后，将父代与子代种群合并得到临时种群 $R(t)$，此时 $R(t)$ 规模为 $2m$；继而，利用非支配排序方法，即 $S(t) = \bigcup_{i=1}^{\tau} F_i$，其中 F_i 为第 i 层的帕累托非支配个体，且 τ 符合 $\sum_{i=1}^{\tau-1} |F_i| < N$，$\sum_{i=1}^{\tau} |F_i| \geqslant N$ 两个条件；然后对种群进行选择，F_τ 中选择部分个体放入进化种群 $P(t+1)$ 中。在选择步骤中，首先对种群 $S(t)$ 中个体进行归一化，并将参考点转化为远点；之后，在远点与参考点之间连接参考线，并利用聚类算子计算个体与参考线间距离，使其隶属于某特定参考线。最后，利用选择算子，使种群 $P(t+1)$ 中个体个数等于 N。

（2）算法关键步骤

本书在 NSGA-Ⅲ 的基础上对其进行改进，改进后的算法关键步骤如下：

Step 1：生成参考点

Das 等于 1996 年提出的方法生成参考点集合 Λ，Λ 中参考点数量由目标维数 n 及每个维度目标分割数 H 确定。针对参考点计算，有如下计算方法：

对于优化模型决策变量，有如下表达：

$$\sum_{i=1}^{n} x_i = H, \quad x_i \in N; i = 1, 2, \cdots, n \tag{7-32}$$

则该方程解的个数 $N = \dbinom{H+M-1}{M-1}$。

记 $(x_k^1, x_k^2, \cdots, x_k^n)^{\mathrm{T}}$ 为该模型第 k 组解，针对第 k 个参考点 $\lambda_k = (\lambda_k^1, \lambda_k^2, \cdots, \lambda_k^n)^{\mathrm{T}}$，有如下表达：

$$\lambda_k^j = \frac{x_k^j}{H}, \quad j = 1, 2, \cdots, n \tag{7-33}$$

式中，H 为每一维的目标分割数，当 $H < M$ 时，用上述方法无法产生中间点，且当 M 过大时，在 $H \geqslant M$ 时容易生成大量参考点，使种群数目太过庞大。对于此问题，在求解本章用地优化问题时，采用 Deb 等于 2014 年提出的双层参考点法，使用较小的 H，完成两层参考点的划分，此情形下种群大小为：

$$N=\left(\binom{H_1+M-1}{M-1}+\binom{H_1+M-1}{M-1}\right)$$

Step 2：编码和解码

本章研究为控制模型规模，选取了站点影响域内商业、商务属性用地属性较弱和较强的站点进行优化，此处采用实数编码构造该问题的可行解。

$$x_i=a_i^k/10 \tag{7-34}$$

Step 3：进化算子

为提高本书算法搜索能力及收敛速度，在传统 NSGA-Ⅲ 方法的基础上引入自适应交叉算子作为改进。传统 NSGA-Ⅲ 算法寻优空间较小，容易陷入局部最优，此处将正态分布交叉和二进制交叉同时引入进化算子中，发挥两项算子的特长，构建一种自适应算子。在算法运行前期，发挥正态分布算子搜索范围大的特点，避免算法陷入局部最优；在算法运行至后期时，种群中个体大都达到最优解，无须进行大范围搜索，此时仍使用二进制交叉算子进行计算，以加速收敛。记自适应算子为 u_i，其更新公式如下：

$$u_1=\frac{g}{2G}(C+\alpha B)+\frac{G-g}{2G}(C+\beta\times B) \tag{7-35}$$

$$u_2=\frac{g}{2G}(C-\alpha B)+\frac{G-g}{2G}(C-\beta\times B) \tag{7-36}$$

$$u_3=\frac{g}{2G}(C+\alpha B)+\frac{G-g}{2G}(C-\beta\times B) \tag{7-37}$$

式中，$C=P_1+P_2$；$B=P_1-P_2$；P_1，P_2 为交叉父代个体；g 为已经迭代的次数；G 为迭代总次数；β 为正态分布随机变量。

Step 4：规范化目标函数

NSGA-Ⅲ 区别于 NSGA-Ⅱ 的特征之一是为了解决算法非归一化的问题加入目标归一化的步骤。由于本章三个优化目标之间存在量纲差异，所以在种群环境选择前需要对 P_{t+1} 中所有目标进行自适应归一化。将 $z^*=(z_1^*,z_2^*,\cdots,z_n^*)^T$ 中每个维度的 z_i^* 利用已找到的最小 f_i，$i=1$，2，$\cdots$，n 进行估计，所以该步骤的关键在于估计 $z_{max}=(z_1^{max},z_2^{max},\cdots,z_n^{max})^T$。

在估算 z_{max} 时，需要将 P_{t+1} 中每个个体的 $f_i(x)$ 转化为 $f_i'(x)$，此处令 $f_i'(x)=f_i(x)-z_i^*$。将 $\boldsymbol{\omega}_j=(\omega_{j1},\omega_{j2},\cdots,\omega_{jn},)^T$ 作为每个个体目标轴 f_j 的轴方向，则有：

$$\omega_{ji}=\begin{cases}10^{-6}, & i\neq j\\ 1, & i=j\end{cases}$$

在 P_{t+1} 中寻找一组 x^* 使得解最小化，有：

$$ASF(\boldsymbol{x}_i, \boldsymbol{\omega}_j) = \max_{i=1,m} \left\{ \frac{f_i'(x)}{\omega_{ji}} \right\} \tag{7-38}$$

$$x^* = \underset{x_i \in S(t)}{\mathrm{argmin}} ASF(\boldsymbol{x}_i, \boldsymbol{\omega}_j) \tag{7-39}$$

由此，可以得到 $\boldsymbol{z}_{\max} = (z_1^{\max}, z_2^{\max}, \cdots, z_n^{\max})^{\mathrm{T}}$，其中，$z_i^{\max} = f_i'(x^*)$。

在此基础上，计算截断点。根据 $z_{\max}$ 构造 n 维超平面，记矩阵 $\boldsymbol{E} = (z_1^{\max} - z_1^*, z_2^{\max} - z_2^*, \cdots, z_n^{\max} - z_n^*)^{\mathrm{T}}$，以及 $\boldsymbol{v} = (1, 1, \cdots, 1)^{\mathrm{T}}$，则超平面在目标维上截断点 $\boldsymbol{d} = (d_1, d_2, \cdots, d_n)$，可通过式(7-40)进行计算。

$$\begin{pmatrix} (\alpha_1 - z_1^*)^{-1} \\ (\alpha_2 - z_2^*)^{-1} \\ \cdots \\ (\alpha_n - z_n^*)^{-1} \end{pmatrix} = \boldsymbol{E}^{-1} \boldsymbol{v} \tag{7-40}$$

此时将 α_i 赋值给 $z_{\max}$ 中的某一维 $z_i^{\max}$，最终对于种群中每个 x_i，归一化后目标函数值第 j 维表示为：

$$\widetilde{f}_j(x) = \frac{f_j'(x)}{z_j^{\max} - z_j^*} \tag{7-41}$$

Step 5：关联

完成目标函数规范化后，再进行种群 P_{t+1} 中所有个体与参考点之间的关联。首先定义参考线，将参考点与原点进行连接后，组成的线段定义为参考线；之后计算种群 P_{t+1} 中所有个体与参考线之间的距离，选择距离最短的参考线进行关联，个体与参考线之间的距离如下：

$$d = (\boldsymbol{x}, \boldsymbol{\lambda}_j) \left\| \left(\boldsymbol{x} - \frac{\boldsymbol{\lambda}_j^{\mathrm{T}} x \boldsymbol{\lambda}_j}{\| \boldsymbol{\lambda}_j \|^2} \right) \right\| \tag{7-42}$$

式中，$\boldsymbol{x}$ 为 P_{t+1} 中个体；$\boldsymbol{\lambda}_j$ 为第 j 条参考线。

Step 6：小生境保存

将种群 P_{t+1} 中所有解与参考线关联后，计算参考线小生境数目。记第 j 个参考点对应参考线小生境数目为 ρ_j，ρ_j 为种群 P_{t+1} 中依附于该参考点的个体数，$\rho_j = P_{t+1} / F_\tau$。小生境选择算子执行过程如下：首先筛选参考点集合 $J_{\min} = \{j : \mathrm{argmin}_j \rho_j\}$，每个参考点对应参考线有最小的 ρ_j。$\|J\| > 1$ 时，从 $J_{\min}$ 中随机选参考点 $\overline{J} \in J_{\min}$，对于参考点 $\overline{J}$，若 F_τ 中没有个体与其关联，那么删除该参考点；重新计算 $J_{\min}$，重新选择 $\overline{J}$，直至 F_τ 中存在与该参考点关联的个体。此情形下考虑 ρ_j 的两种情况，当 $\rho_j = 0$ 时，选择 F_τ 中依附于该参考点且到参考线距离最短的个体，将该个体加入 P_{t+1}；当 $\rho_j \geqslant 1$ 时，

随机选择依附于该参考点的某一个体加入 P_{t+1}，之后 $\rho_j = \rho_j + 1$，重复计算直至种群 P_{t+1} 规模达到 N。

7.3 地铁站点影响域用地优化——以北京地铁 4 号线为例

7.3.1 实例分析

本书中北京地铁 4 号线包括官方线路中的 4 号线以及大兴线，两条线目前已贯通运营，故将其视作一条线路进行研究。北京地铁 4 号线北起安河桥北，南至天宫院，是纵贯北京南北的一条地铁线路，全长 50km，共设 35 座车站。4 号线对于本书而言具有较强的典型性。

首先，4 号线站点经过区域包含了所有可调整属性用地中强度较高的站点。其中，居住属性用地强度较高站点包括天宫院、生物医药基地、高米店南、高米店北等站点；商务属性用地强度较高站点包括中关村、宣武门、人民大学等站点；商业属性用地强度较高站点包括西单、西红门；科教属性用地强度较高站点包括北京大学东门、魏公村站；医疗属性用地强度较高站点包括西直门、平安里站，从各类属性用地强度来看，代表性较强。

其次，4 号线作为北京地铁系统中最繁忙的线路之一，是承担南北客流运输的大动脉之一。根据北京城市交通发展研究院 2018 年发布的《北京市交通发展年度报告》来看，2017 年北京地铁 4 号线日均客运量近 71 万人，日均换乘量近 62 万人，在北京地铁线路中排名第二；最大断面客流达到 120%，拥挤度在北京地铁线路中排名第五。不难看出，4 号线是北京地铁线路中拥挤度、乘客运输量都相对较高的一条线路。综合以上两个层面原因，为说明本章提出模型及算法的可行性，本节沿用第 3 章使用的北京地铁 4 号线作为实例，开展针对北京地铁 4 号线的实例验证。

7.3.2 参数设置

本章研究对象为北京地铁 4 号线，共包含 35 个地铁站点，为控制模型规模，需要筛选用地优化站点以及优化用地属性。对于地铁站点影响域而言，当地铁站点影响域内某类用地强度过高时，势必会吸引此类用地属性较弱的地铁站点影响域内乘客乘坐地铁到达该站。从第 5 章研究结果来看，商务、商业、居住三类属性是对地铁站点客流影响最为显著的用地属性。就北京市用地现状而言，东西城的大规模拆迁腾退已经结束，各城区居住属性用地除新增外，疏解难度较大，疏解可行性较低，所以此处不再考虑居住属性用地疏解调减的调整。从北京地铁 4 号线经过区域来看，地铁 4 号线自南向北共经过大兴、丰台、西城、海淀四个区，四区中海淀、西城发展成熟，写字楼、办公楼、商场等上盖建筑新增难度较大；丰台、大兴发展较为落后，商务、商业属性用地强度较低，且站点影响域内仍有发展此类属性资源的可能。在第 5 章分析结论以及实际情况的基础上，本章在选择站点及优化属性时，首先考虑选择对站点客流影响较大的用地属性进行优化；其次考虑选择调整难度较小，优化可行性较高的用地属性进行优化。将 4 号线站点由南至北编号，第 1 站为天宫院，第 35 站为安河桥北。

（1）商务属性优化站点对应决策变量

通过对 4 号线用地强度结果进行分析，商务属性用地强度大于 0.5 的站点有四个，分别是西直门、海淀黄庄、中关村、魏公村；商务属性用地强度低于 0.1 的站点有六个，分别为新宫、马家堡、北宫门、圆明园、义和庄、黄村火车站，其中北宫门、圆明园是旅游属性主导的特别站点，不宜大规模配置商务属性用地。因此，选择对应编号为 3、4、11、14、24、27、29、30 的八个地铁站点的商务属性用地进行优化，即 $\{a_3^{busi}, a_4^{busi}, a_{11}^{busi}, a_{14}^{busi}, a_{24}^{busi}, a_{27}^{busi}, a_{29}^{busi}, a_{30}^{busi}\}$。

（2）商业属性优化站点对应决策变量

对于商业属性用地而言，商业属性用地强度高于 0.5 的站点均为站点周边配建大型商场或站点位于大型商圈附近的站点，此类站点商业属性用地并非疏整促工作中需要疏解整治对象，且在第 5 章分析中，此类站点商业属性用地对休息日及平峰期客流产生及客流吸引有较强的促进作用，有助于提升地铁效益，所以对商业属性用地强度较高站点的商业属性用地不予调整。商业属性用地强度低于 0.1 的站点有七个，分别为北宫门、马家堡、圆明园、义和庄、陶然亭、角门西、公益西桥。其中北宫门、圆明园是旅游属性主导的特别站点，不宜大规模配置商业属性用地，陶然亭站是二环内站点，周边开发已接近饱和，难以再新建商业属性配套设施。所以在商业属性用地调整中，共对义和庄、公益西桥、角门西、马家堡四个站点进行用地调整，对应编号为 3、11、13、14，即 $\{a_3^{comer}, a_{12}^{comer}, a_{13}^{comer}, a_{14}^{comer}\}$。

至此本书需要优化的站点用地属性即本优化模型的决策变量共 12 个，包括需要优化商务属性用地的站点 8 个，需要优化商业属性的站点 4 个，决策变量：

$$A = \{a_3^{busi}, a_4^{busi}, a_{11}^{busi}, a_{14}^{busi}, a_{24}^{busi}, a_{27}^{busi}, a_{29}^{busi}, a_{30}^{busi}, a_3^{comer}, a_{12}^{comer}, a_{13}^{comer}, a_{14}^{comer}\}$$

（3）站点影响域内用地强度

站点影响域用地多目标优化模型中，决策变量为某些站点的某些用地属性，除决策变量需要改变外，其他非决策变量的站点用地强度在计算中也需要涉及，每个地铁站点八类用地属性用地强度初始值见表 7-2。

◆ 表 7-2　北京地铁 4 号线站点影响域用地强度初值

站点编号 i	a^{live}	a^{traf}	a^{busi}	a^{comer}	a^{gov}	a^{relax}	a^{edu}	a^{hosp}
1	0.35	0.46	0.1	0.45	0.01	0.02	0.12	0.03
2	0.24	0.14	0.17	0.54	0.13	0.11	0.12	0.11
3	0.13	0.06	0.06	0.06	0.05	0.31	0.06	0.01
4	0.21	0.78	0.08	0.11	0.13	0.1	0.3	0.1
5	0.26	0.21	0.15	0.32	0.43	0.12	0.2	0.53
6	0.16	0.11	0.14	0.12	0.22	0.32	0.42	0.32
7	0.49	0.13	0.19	0.21	0.06	0.1	0.21	0.1
8	0.21	0.18	0.19	0.37	0.56	0.12	0.21	0.11
9	0.32	0.12	0.11	0.21	0.1	0.12	0.03	0.05
10	0.46	0.29	0.19	0.85	0.09	0.21	0.32	0.13
11	0.47	0.36	0.02	0.45	0.05	0.33	0.16	0.11
12	0.39	0.15	0.17	0.09	0.06	0.09	0.32	0.06
13	0.51	0.67	0.14	0.08	0.02	0.12	0.39	0.35
14	0.49	0.23	0.02	0.04	0.12	0.1	0.32	0.01
15	0.49	0.92	0.15	0.11	0.15	0.12	0.11	0.02
16	0.34	0.11	0.27	0.08	0.24	0.54	0.36	0.21
17	0.25	0.65	0.18	0.21	0.68	0.12	0.1	0.05
18	0.11	0.7	0.51	0.57	0.56	0.41	0.24	0.23
19	0.08	0.81	0.42	0.96	0.68	0.21	0.48	0.06
20	0.09	0.25	0.46	0.67	0.35	0.21	0.32	0.12
21	0.05	0.11	0.18	0.11	0.58	0.54	0.11	0.11
22	0.18	0.69	0.26	0.23	0.45	0.61	0.43	0.32
23	0.05	0.25	0.22	0.31	0.23	0.13	0.54	0.21
24	0.42	0.89	0.76	0.43	0.23	0.11	0.21	0.43
25	0.06	0.87	0.19	0.32	0.21	0.69	0.36	0.21
26	0.04	0.67	0.32	0.21	0.23	0.65	0.35	0.02
27	0.17	0.25	0.61	0.11	0.2	0.03	0.93	0.01
28	0.15	0.21	0.54	0.35	0.28	0.12	0.86	0.18
29	0.05	0.7	0.72	0.32	0.29	0.22	0.46	0.54
30	0.12	0.23	0.66	0.68	0.11	0.06	0.54	0.21
31	0.05	0.11	0.16	0.21	0.23	0.11	0.99	0.32
32	0	0.11	0.05	0.06	0.06	0.87	0.78	0.03
33	0.07	0.5	0.18	0.43	0.25	0.46	0.21	0.12

站点编号 i	a^{live}	a^{traf}	a^{busi}	a^{comer}	a^{gov}	a^{relax}	a^{edu}	a^{hosp}
34	0.06	0.1	0.04	0.03	0.57	0.98	0.57	0.1
35	0.24	0.34	0.12	0.33	0.1	0.21	0.12	0.11

(4) 北京地铁 4 号线站点-区段客流关系

以 4 号线为实例对站点-区段客流影响进行计算，此处的客流高峰期特指早 7：00—9：00 以及晚 5：00—7：00，两个高峰期中每个时段均离散为四个区间，则有 $t_j(j=1,2,3,4)$ 为早高峰，$t_j(j=5,6,7,8)$ 为晚高峰。此处区段主要考虑两相邻站点之间的区间，长距离区间视为多个相邻站点区间的叠加。根据以上设定，依托 2017 年北京地铁 AFC 刷卡数据，通过上述计算方法刘北京地铁 4 号线车站-区段客流关系进行计算，部分计算结果见表 7-3。

◆ 表 7-3 部分车站-区段客流关系

s_i	$d(s_k,s_{k+1})$	t_j	δ	s_i	$d(s_k,s_{k+1})$	t_j	δ
生物医药基地	公益西桥-角门西	2	0.36	中关村	中关村-海淀黄庄	5	0.63
		3	0.31			8	0.61
	角门西-马家堡	2	0.30		海淀黄庄-人民大学	5	0.63
		3	0.22			8	0.61
	...				...		
	菜市口-宣武门	2	0.26		动物园-西直门	5	0.62
		3	0.19			8	0.59
	宣武门-西单	2	0.22		西直门-新街口	5	0.62
		3	0.13			8	0.59
	...				...		
	新街口-西直门	2	0.21		西单-宣武门	5	0.56
		3	0.13			8	0.54
	西直门-动物园	2	0.15		菜市口-陶然亭	5	0.51
		3	0.06			8	0.52
	...				...		
	海淀黄庄-中关村	2	0.13		新宫-西红门	5	0.39
		3	0.04			8	0.36
	中关村-北大东门	2	0.05		西红门-高米店北	5	0.27
		3	0.01			8	0.24
	...				...		

（5）地铁线路基本参数

北京地铁各条线路车辆、发车间隔、车辆定员均有差异，根据 2017 年北京地铁 4 号线数据，4 号线车辆采用北京地铁 SFM05 型车组，总定员 $C_f =$ 1440 人，高峰期列车开行间隔 $I_{s_k}^l = 2\min$。

7.3.3 优化结果

针对 7.2 节中构建的地铁站点影响域用地优化模型提出的目标函数和约束条件，利用 7.3 节提出的改进 NSGA-Ⅲ 算法进行计算，得到下述具有代表性的可行解作为可行性用地优化方案。利用以上算法在 Python3.9.7，CPUi7-1195G7 环境中对模型进行求解。图 7-1 是用地多目标优化模型各个目标的收敛曲线，绘制时使用每代结果平均值表示。从图上收敛情况不难看出，五个优化目标都在 140～160 时达到收敛，说明遗传算法中的种群初始化以及遗传算子设置比较合理，算法能够实现较高的搜索效率，同时由于进化算子的设置，几个目标值的变化均呈现先快后慢的变化趋势，且滞留率、用地混合度、环境品质三个目标在收敛后仍在一定范围内波动，说明算法并未陷入局部最优。

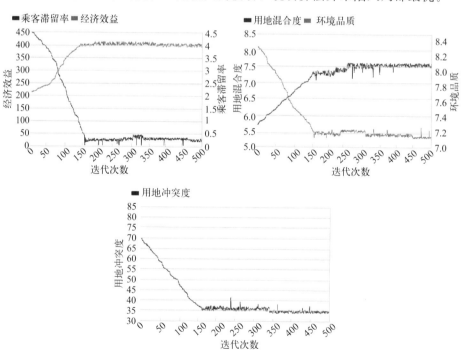

图 7-1　多目标优化模型收敛曲线

本章共设计五个目标函数，此处具有代表性的可行解主要为分别使五个目标函数最优的可行解，以及针对不同情景下综合效果较优的可行解。表 7-4、表 7-5 给出了多目标优化模型中具有代表性的解集，其中编号 0 为各站点待优化属性用地未经优化时的原始用地强度值及对应的各优化目标数值；1～5 号分别为 Z_1～Z_5 五个目标最优时对应的用地调整值。通过以上解集及优化结果，可以发现一些比较直观的结果。

◆ 表 7-4 多目标优化代表性解集

编号	a_3^{busi}	a_4^{busi}	a_{11}^{busi}	a_{14}^{busi}	a_{24}^{busi}	a_{27}^{busi}	a_{29}^{busi}	a_{30}^{busi}	a_3^{comer}	a_{12}^{comer}	a_{13}^{comer}	a_{14}^{comer}
0	0.06	0.08	0.02	0.02	0.76	0.61	0.72	0.66	0.06	0.09	0.08	0.04
1	0.18	0.28	0.29	0.28	0.32	0.33	0.31	0.35	0.08	0.14	0.23	0.12
2	0.21	0.23	0.29	0.33	0.73	0.53	0.57	0.63	0.23	0.33	0.61	0.36
3	0.17	0.35	0.41	0.2	0.46	0.41	0.45	0.38	0.2	0.22	0.42	0.23
4	0.12	0.15	0.2	0.2	0.4	0.12	0.82	0.33	0.24	0.38	0.62	0.28
5	0.05	0.13	0.66	0.39	0.62	0.18	0.17	0.14	0.15	0.16	0.29	0.12
6	0.24	0.43	0.53	0.58	0.65	0.21	0.14	0.19	0.21	0.39	0.51	0.31

◆ 表 7-5 代表性解集对应目标值

编号	乘客滞留率Z_1	经济效益Z_2	用地混合度Z_3	环境品质Z_4	用地冲突度Z_5
0	3.35	360	7.76	7.7	69.92
1	**0**	289	7.67	7.1	49.95
2	4.18	**414**	7.78	7.23	72.87
3	1.22	342	**8.12**	6.88	59.84
4	3.17	326	7.65	**5.31**	70.92
5	0	241	7.61	6.89	**39.63**
6	0.37	374	8.02	6.4	47.96

在优化模型限制条件内，当优化站点商务、商业属性用地调整到约束条件范围内的最低值附近，站点整体用地强度降低，地铁站点对影响域内高峰期客流吸引能力下降，乘客滞留率 Z_1 降为零。与此同时，地铁站点进出站客流量降到最低值，且用地混合度、环境品质两项优化指标并未得到明显改善。随着商务、商业两类属性用地强度的降低，用地冲突度得到明显改善。大规模调减商务、商业属性用地，虽然能够使乘客乘车舒适度、满意度最优，但当商务、商业属性用地配置过低时，对地铁运营经济效益损害极大。可见一味疏解并不能得到最好的站点影响域优化用地配置，且大规模疏解在对社会经济以及地铁

系统效益带来较大损失的同时，难以对站点影响域内其他优化条件带来较高提升。

与第一种优化方案相反，为保障地铁系统的经济效益 Z_2，除 a_4^{busi}、a_{11}^{busi} 两个站点外，各优化站点商务、商业属性在约束条件限制范围内取到了能取到的极大值。与之相应，虽然客流量得到显著提升，但与之相应的滞留率也大幅飙升，大部分站点将会出现大量的乘客滞留，严重影响乘客早高峰出行。与此同时，用地混合度和生活便利度并未出现较为明显的提升，而用地冲突度与滞留率类似，也出现大幅提升，并不符合科学用地布局的理念。由此我们可以明确，一味地对地铁站点影响域内用地进行高强度的开发，虽然会对地铁经济效益和社会经济效益带来一定的增长，但随之而来的地铁系统的负荷以及用地冲突度的提升会给地铁站点影响域内的居民带来严重的影响。

第三种优化方案用地混合度 Z_3 在约束条件限制下达到最高，由于用地混合度与站点影响域内其他属性用地开发情况密切相关，所以在用地调整时，如义和庄等开发强度较低，以及马家堡、魏公村、中关村这类单一属性用地强度较高而其他属性用地强度较高的站点用地属性调增幅度不大，调减情形更多，方案三中优化站点商务、商业属性之和略低于原始值，所以在站点客流量上相较原始值略低；滞留率、生活便利度以及用地冲突度相较原始数据均有一定提升。可见当用地混合度最优时，除地铁运营经济效益略有下降，其余优化目标均取得一定程度上的改进。

第四种优化方案是生活便利度 Z_4 最优下的优化方案。在优化模型中，由于决策变量是部分站点的商务、商业属性，那么生活便利度的最优化实则是使得优化站点商务属性在约束条件限制下尽可能低，而优化站点商业属性尽可能高。从优化结果不难看出，为使得生活便利度最优，原本商务属性用地较弱的站点提升幅度较低，而原本商业属性用地强度较高的站点，除海淀黄庄外，均有较大幅度的缩减。各站点优化后商务属性用地强度之和远低于原始值，已逼近用地调整强度开发下限。因此，从客流量来看，相较于原始数据有了较大的下降。同时，用地混合度以及乘客滞留率并没有较大幅度的提升，用地冲突度较原始情况更高。在疏解大量商务属性用地后，第四种方案并未取得优异的优化结果，其结果也进一步证明了一味疏解非但不能带来合理的城市规划布局，还会对社会经济带来极大损害。

第五种方案是用地冲突度 Z_5 最小化情形下的优化方案。用地冲突度主要取决于站点影响域内居住属性用地强度，换言之也就是居住属性一定的情况下，商务、商业两类属性用地强度越低越好。与方案二不同，方案二中商务属性优化后强度之和逼近优化最低值极限，而商业属性用地并不会对工作日早高峰带来太多影响，所以其商业属性用地相对较高。相反，方案五中追求的是商务属性与商业属性用地强度之和的最小化，所以不难看出，方案五中优化站点中商业、商务属性用地强度基本取到了可行域的下限范围，同样的，在方案五中 Z_1 和 Z_5 两个优化目标同时得到了最优解，但 Z_2 地铁站点进出站客流总量也是几类方案中的最小值，混合度与生活便利度在几类方案中也属于相对较差的表现。

较于以上五种优化方案，第六种优化方案是平衡了五个优化目标后提出的均衡解。第六种优化方案中，交通枢纽、线路中段的站点商务属性用地调增幅度较大，线路两端商务属性用地较弱站点调增幅度较小，商务属性用地较强站点调减幅度较大，且优化后各站点商务属性用地强度之和略高于当前现实情况。在得到的优化结果中，第六种优化方案对五个优化目标平衡较好，五个目标均取得较为优秀的优化结果，属于较为均衡合理的一种优化方案。

以上优化方案都是在一定侧重前提下的用地优化方案，不同情形下，最优方案会出现变化。在实际决策中，城市规划、管理者可以根据不同的现实情况，选择更为贴近实际需求的优化方案，更好地适应实际优化任务。

7.3.4 结论分析

通过对优化结果进行分析，可以得出以下结论：

① 降低地铁站点影响域内商务属性用地强度，或者提升商务属性用地在城市布局中的均衡性，都能有效降低地铁站点乘客滞留率。较低的商务属性用地强度能有效降低地铁站点乘客滞留率，当商务属性用地强度降低时，对应站点的客流吸引能力随之降低，从根本上削减了站点客流需求，使得乘客滞留率降低。但从优化方案一和优化方案五不难看出，降低城市中商务属性用地强度会给城市经济带来负面影响，一味降低站点影响域内商务用地属性强度，虽然可以使地铁站点乘客滞留率降低，但其对社会经济造成的冲击以及为地铁系统带来的经济负面影响太大。相反，通过优化方案三及优化方案六不难看出，以上两种方案用地在商务、商业属性用地配置时相对均衡，并未出现某个站点商务、商业属性过度脱离本站点居住属性的情况。这也说明了在交通条件固定的情况下，均衡的职住分布有利于提升交通运输效率，缓解交通拥堵、地铁拥挤问题。

② 用地混合度是地铁站点影响域内用地配置优化的重要指标，从优化结果不难看出，当出现极端用地配置，即单一站点商务、商业属性过高或过低时，对应用地混合度往往较差，而以上用地情形出现时，站点乘客滞留率或客流量也会出现过高或过低的情况。对于城市管理者和决策者而言，在优化地铁

站点影响域乃至整个城市用地时，应该重点考虑用地混合度的合理性。

③ 通过比较优化方案六与原始用地布局方案及优化方案三后不难发现，商务属性用地优化应该与周边居住属性用地匹配。优化方案六中，站点周边居住属性用地强度与商务属性用地强度基本匹配，且站点位置越靠近线路中心，商务属性用地强度赋值越高。通过比较优化方案六与优化方案三，两类方案优化效果都不差，但相比较而言方案六与站点周边其他属性匹配程度较高，所以在用地整体强度增加的情况下，仍能表现出优于优化方案三的优化效果。

④ 本章优化模型约束调节范围内，商业属性用地的变化不会对滞留率产生直接影响，但会对进出站客流总量也即地铁运营经济效益产生较大影响。商业属性用地强度越高，平峰期及休息日客流量越大，但由于平峰期及休息日客流出行时间分散，即使客流量增加，也并未对地铁系统产生过大压力。

小结

本章用地优化研究从解决北京市"疏整促"工作中的城市资源配置优化问题入手，对地铁站点影响域内各类属性用地代表的城市资源进行优化。依托现有对城市建设用地优化的研究，将现有研究中用地混合度、区域生活品质、用地冲突度三个指标作为土地优化指标。在此基础上，针对北京"大城市病"中居民感受最为明显的交通问题，设计了站点客流滞留率、地铁运营经济效益两个交通优化指标。将以上五个优化指标作为目标，构建了地铁站点影响域用地多目标优化模型，并利用改进的 NSGA-Ⅲ 算法对模型进行求解，得到相应优化结果，为北京市"疏整促"工作的开展提供辅助决策支持。

总结和展望

8.1 主要结论

本书将北京市"十四五"时期"疏整促"专项工作中"从大范围集中疏解向精准疏解、高效升级转变"的要求作为现实问题，将公交线网优化以及地铁站点影响域内用地优化作为本书要解决的核心科学问题，并依托此展开一系列研究，本书的主要结论如下：

8.1.1 地铁站点影响域划分研究

不同类型、不同区域地铁站点影响域范围差距较大。

枢纽类站点（交通属性较强站点）受主导交通方式的影响较大，铁路功能主导的枢纽站点、各类接驳方式对应的站点影响域范围相对较小。

对于综合类交通枢纽而言，由于其站点交通功能非常发达，所以综合交通枢纽的骑行、步行接驳范围往往大于同区位内其他类别站点。

居住类站点（居住属性较强站点）影响域普遍大于本区位其他类型站点。且随着站点与市中心距离的增加，地铁站点影响域范围的扩张程度也高于其他类别站点，这也意味着距离市中心越远的区域，地铁站点服务的居住区范围更大，受地铁站点影响的强度也更高。

商业类站点（商业属性较强站点）影响域往往会低于其他类别站点，这也说明商业类地铁站点服务的商业体大都分布在距离地铁站点相对较近的区域，且商业类地铁站点周边用地的开发相对紧凑。

8.1.2 地铁站点影响域用地精细化评价

（1）北京市城市用地呈现团块分布特点

居住属性、科教属性、商务属性、行政属性、医疗属性五类属性用地强度较高的站点大都集中分布，形成多个用地组团，具有团块聚集的特点。医疗属性聚集团块主要分布在以东单、西直门、复兴门三个站点为中心的区域范围内。行政属性则集中聚集在一号线公主坟-国贸团块。科教属性用地主要聚集形成了魏公村-海淀黄庄-西土城团块，北京大学东门-清华东路西口-五道口-六道口团块。商务属性用地聚集的四个团块分别是永安里-国贸-大望路团块、复兴门-阜成门-木樨地-西单团块、中关村团块以及望京团块，另外，西二旗站点是商务属性最强的未形成团块的单一站点。居住属性主要形成回龙观-天通苑、双井-九龙山、丰台科技园-科怡路、望京-望京东-望京南、九棵树-临河里团块、西红门-天宫院团块几个居住属性用地组团。

（2）商务属性用地对交通、科教属性用地依赖程度较高

通过对地铁站点影响域内各类属性空间分布进行比较后不难发现，商务属性用地强度较高的站点交通属性、科教属性用地强度普遍较高。这说明大部分企业在选址时重点考虑的两个因素包括人才和交通，科教属性用地能够为企业提供源源不断的智力支持和人力支持，而便捷的交通服务也会在企业运营过程中提供助力。

（3）商业属性用地有向郊区扩张的趋势

一直以来，西单、王府井、国贸都是北京市三个最大的商业中心，但在本书商业属性用地布局中可以看出，西红门、常营等商业属性用地强度较高的站点均位于城市郊区。这一现象说明北京传统商业地区优势正在逐渐被外围郊区商业新兴综合体取代，且郊区商业属性用地强度较高站点与居住属性用地组团重合度较高，大都分布在用地组团站点或线路上距离较近站点。

（4）北京市职住用地分离度较高

从居住属性用地与其他属性用地的配合度方面来看，居住属性组团的特点在于组团内地铁站点居住属性强度普遍较高，但其他属性用地却相对偏低，与其他属性用地的配合度较低，用地资源分布较不均匀。商务属性、商业属性和行政属性都是提供就业的重要场所，以上三类属性中某类属性主导的地铁站点中，其他两类属性用地强度也相对较高，聚集效应相对明显。但以上三类属性用地强度较高的站点，居住属性用地强度往往相对较弱，从侧面反映出北京市职住分离现象较为明显。

8.1.3 基于复杂网络的公交网络优化研究

本书利用 2017 年公交、地铁刷卡数据及线路站点信息构建复合加权网络进行实验，利用改进后的网络效率提出了北京市公交线网优化方案。经实验结果分析得出北京市公交线网优化方案为：删除站点堡上站、万子营路南口站与七星路南口站，同时建议将七星路南口站作为公交场站的候选地址。在大北窑南站-双井桥北站、六里桥北里站-六里桥东站、三元桥站-静安庄站与四惠枢纽站-郎家园站四对站点对中间增加一个站点以缓解站点客运压力。

建议删除的站点预计影响 12 条公交线路，分别为：926 路、兴 49 路、341 路、兴 19 路、兴 26 路公交线路、397 路、专 117 路、465 路、运通 128 路。删除站点附近均有可替代乘车的站点，这使站点的删除不会影响居民正常的出行需求，还将节省相关线路乘客的出行时间及公交公司的运营成本。建议增加的站点将影响 402、805 快、28、特 8 外、938 快、421 路等 85 条公交线路及地铁 1 号线、八通线等 8 条地铁线路。计划增加站点的站点对均为地铁接驳站点对，站点的增加可以有效缓解早晚高峰相关站点间的客运压力并为乘客换乘地铁提供了更多的选择。

经统计，删除或增加的站点均不在同一线路中且相关线路的站点重复系数都在 0.2 以下，这说明此次线网优化方案影响的线路范围较大，但并不会对改进站点附近区域的乘客造成过多困扰。经过此次优化，北京市复合交通网络的网络效率将由原有的 0.45254 改进为 0.46214，全网效率整体提高 2.12%。

现实交通网络中的站点数量是有限的。在这些有限的站点集合中，每个站点或站点组合的删除或增加必然会新得一个确定的网络效率。根据新获取的网络效率及约束条件可以从中选取符合要求的优化方案，即可得到问题的最优解。且在站点删除与增添时，对其周围的可替代站点与影响的线路进行了总结与分析，将优化后城市居民的出行策略考虑在内，确保了仿真实验模型的有效性。由于仿真实验使用的数据为实际的交通刷卡数据及结构数据，实验所用数据充分，内容精确。且实验模型计算精度较高，步骤清晰，满足了仿真实验的数据有效性和运行有效性。因此，本书研究方法可在海量数据的基础上通过仿真模型为城市公交线网优化提出有效可行的解决方案。

8.1.4 北京市职住空间影响因素研究

结合静态平衡特征与动态关联特征对北京职住空间进行测度与分析，并在此基础上，对北京轨道交通站点的职住空间进行聚类与识别。在静态平衡特征上的结果表明，北京职住空间不平衡现象较为严重。在动态关联特征上，通过对轨道交通通勤数据在时空上的挖掘，发现北京研究区域内有接近一半的区域出现了职住分离现象，且北京外城区域职住分离现象更为明显。依据测度结果对站点职住空间进行聚类与识别，发现职住平衡度较高且通勤时间较短的类型区域集中在三环至五环之间，且典型聚集居住类型与典型聚集就业类型通勤联系最为密切，这反映出北京职住资源分配存在一定的不合理性。

从宏观社会经济及建成环境角度入手，本书对土地利用结构、产业发展、住房状况、公共服务设施和交通建设五个影响因素对职住空间的影响进行分析，并基于分析结果提出职住空间调整流程。首先，在多项 Logistic 回归模型的基础上构建了职住空间影响因素模型，分析了影响不同职住空间类型不平衡以及职住分离的主要因素。发现不同区域类型间主要影响因素指标差别较大：典型聚集居住类型的主要影响因素为公交站数量、住宅数量、产业混合度，非聚集长通勤居住类型的主要影响因素为房价、产业混合度、住宅数量，典型聚集就业类型的主要影响因素为用地混合度、房价、公交站数量，偏居住聚集类型的主要影响因素为住宅数量、房价、公交站数量。偏就业长通勤类型的主要影响因素为房价、住宅数量以及用地混合度，偏就业聚集类型的主要影响因素为住宅数量、产业混合度和用地混合度。其次，根据回归结果提出了基于轨道交通通勤的职住空间调整流程，通过调整区域选择、调整区域职住空间现状分析、基于模型回归结果的调整指标选取及策略建议三个步骤对职住空间进行更精细化的调整。

8.1.5 地铁站点影响域用地-客流互动机理

(1) 居住、商务、商业三类属性是影响地铁客流的最主要因素

通过对地铁站点不同时段客流主要影响因素进行分析，不难发现，工作日或高峰期的进、出站客流主要影响因素均为居住、商务两类属性，其他属性对这两个时段的客流量影响程度极小。而对于休息日或平峰期的客流，商业属性的影响强度显著上升，对进出站客流均有较强影响。

(2) 不同时段影响客流量大小主导用地属性差异较大

从工作日与休息日差异来看，工作日不同时段影响客流量大小的主导用地属性差异较大，但休息日影响客流量大小的主导用地属性只有交通属性和商业属性两类，其他用地属性对客流量的影响基本区域平缓，波动不大。工作日早高峰进站客流以及晚高峰出站客流受居住属性影响远比工作日商务属性、商业属性用地对早高峰出站以及晚高峰进站客流影响大，这样的结果一方面是由于上班时间相较于下班时间更为集中和固定，另一方面也说明居住属性较强的地区，其商务、商业属性配套往往不够完善，才会在这一时段产生大量通勤需求。

(3) 午间时段客流特征复杂，并无影响客流的主导因素

午间时段是一个非常特殊的时段，没有高峰期，均处于平峰期，且其时段较长，乘客出行目的各异，客流特征也与其他时段客流差距较大。对于午间进站客流而言，影响强度最高的两类用地属性仍然为居住和商务两类属性，其他

类别用地如商业、行政、医疗等属性对进站客流影响也相对较强。以上五类属性用地对工作日及休息日午间客流影响强度基本呈阶梯状分布，居住与商务客流并不是客流的主导影响因素，相应的，午间出站客流与午间进站客流情况基本相同。

8.1.6 运输性能提升视角下的交通-用地协同优化研究

（1）均衡的商务用地布局能够在降低站点滞留率的同时提升地铁客流量

通过地铁站点影响域用地多目标优化模型的求解结果来看，避免部分站点商务属性用地布局过于密集，均衡化商务属性用地在城市中的空间布局，一方面能够有效降低地铁站点乘客滞留率，提升乘客乘坐体验，另一方面可以有效激发各个地区间人口互动，增加地铁客运总量。

（2）地铁站点影响域内较高的用地混合度有助于城市健康运转

多目标求解的结果显示，用地混合度较高时，其余四个优化目标也能达到较优的状态。反之，当某些站点单一属性用地强度过高，而其他属性用地无法与之进行匹配时，其他四类优化目标表现会同时变差。因此，在城市用地空间布局时，应充分考虑一定区域内各类属性用地的混合度，太过分离的用地布局会造成土地利用混合度的降低，同时也会影响整个城市的健康运转。

（3）商业属性用地的适量增加，有助于提升地铁运营效益

商业属性用地主要影响的是平峰期以及休息日的客流，且调整商业属性用地后，对地铁站点滞留率并未造成太大影响，反而提升了地铁客流总量，所以适当加强城市中的商业用地强度，可以在提升城市商业活力的同时，增加城市平峰、休息日的乘客出行需求，对带动城市经济发展有促进作用。

8.2 研究展望

① 本书的重点之一是深入研究了地铁站点影响域内用地与地铁站点客流之间的关系。城市用地对地铁客流的影响本质在于，不同用地单元能够吸引或产生多少规模的人口，而这些人口中又有多少会选择地铁作为出行方式。所以，地铁站点影响域内用地对地铁客流的影响归根结底是对人的影响。本书虽然在对大部分用地单元进行评价时，将站点影响域内每个用地单元作为评价对象，针对每个用地单元融合了多个数据集进行评价。但受限于数据的支持，没能获得直接能够表征每个用地单元吸引或产生人口规模的数据支持，没能把人口这一直接指标纳入评价体系，只能依靠其他间接指标来评估每个用地单元人

数的规模。针对用地-客流互动研究而言，本书对用地的研究虽然基于更细粒度的用地单元展开，在用地强度评价精细化程度上较传统研究有了一定程度的提升，但仍未达到最理想状态。下一步的研究中，在融合多元多维数据集，构建地铁站点影响域用地评价数据集时，应努力提升数据规模、数据维度，尽量寻找能够直接表征人口的数据，进一步提升研究的精细化程度。

② 受限于计算复杂度，本书在用地优化时主要针对北京地铁 4 号线上典型站点对地铁客流影响较为明显的几类用地属性进行优化，并未对每一类用地属性的变化展开进行研究。除商务、商业、居住三类用地属性外的其他五类属性用地，虽然并非地铁客流的主要影响因素，但通过对其他属性用地对地铁站点客流量的影响进行深入分析，能够在一定程度上更为深入地理解乘客出行行为。

③ 本书以站点容量约束、换乘系数约束、单条线路改动约束、总线路改动约束等作为约束条件。虽然研究仅寻找待优化站点的网络位置，本书约束已可以对待优化站点进行有效限制，但若收集道路及路线地理信息数据，对公交线路直线系数、线路密度等属性对公交线网的改动进行进一步约束，可更进一步确定需要增加站点的坐标。

④ 在对职住空间影响因素进行研究时，考虑到本书的研究目的及数据的可获得性，选取了宏观社会经济及建成环境相关影响因素。在下一步的研究中，可增加对个人社会经济因素的考虑，对研究范围内的家庭及轨道交通通勤者进行问卷调查，以收集更多住房、学历、性别等个体详细信息。这些信息将有助于从微观层面对研究进行补充，对城市区域的职住空间进行更加全面的分析。

⑤ 本书中地铁刷卡 AFC 数据来自于北京地铁 2017 年某一个非节假日的自然周数据，所以本书在地铁客流时段划分时，仅针对普通的工作日、休息日进行了研究，没能对节假日客流进行深入分析。下一步在数据支持的基础上，还应将地铁站点影响域用地对节假日客流的影响融入地铁站点用地-客流互动研究中，进一步丰富地铁站点用地-客流互动理论。

参考文献

[1] 毕明凯，何世伟，黎浩东，等. 基于随机客流 OD 的市郊铁路停站方案优化研究 [J]. 铁道学报，2018，40（10）：1-7.

[2] 柴彦威，张艳，刘志林. 职住分离的空间差异性及其影响因素研究 [J]. 地理学报，2011，66（02）：157-166.

[3] 陈君，庄义斐，崔美莉，等. 基于 APTS 大数据的城市公交出行多维分析模型和方法 [J]. 交通运输系统工程与信息，2019，19（1）：76-82.

[4] 陈小鸿，叶建红，张华，等. 重塑上海交通的路径选择与发展策略——公共交通优先导向下的城市客运交通发展策略研究 [J]. 城市规划学刊，2015，（03）：86-93.

[5] 陈阳. 土地混合利用路径良性演变机制 [J]. 城市规划，2021，45（01）：62-71.

[6] 池娇，焦利民，董婷，等. 基于 POI 数据的城市功能区定量识别及其可视化 [J]. 测绘地理信息，2016，41（2）：68-73.

[7] 单欣，徐坚，刘昳晗，等. 基于 POI 数据的昆明中心城区餐饮业空间分布格局研究 [J]. 昆明理工大学学报：自然科学版，2019，44（5）：115-120.

[8] 党云晓，董冠鹏，余建辉，等. 北京土地利用混合度对居民职住分离的影响 [J]. 地理学报，2015，70（6）：919-930.

[9] 邓连波，徐毅梅，段科屹. 城市公交线网的一票制差异化票价策略优化 [J]. 交通运输系统工程与信息，2019，19（05）：128-134.

[10] 段德罡，张凡. 土地利用优化视角下的城市轨道站点分类研究——以西安地铁 2 号线为例 [J]. 城市规划，2013，37（09）：39-45.

[11] 范琪，王炜，华雪东，等. 基于广义出行费用的城市综合交通方式优势出行距离研究 [J]. 交通运输系统工程与信息，2018，18（04）：25-31.

[12] 冯慧芳，柏凤山，徐有基. 基于轨迹大数据的城市交通感知和路网关键节点识别 [J]. 交通运输系统工程与信息，2018，18（3）：42-47.

[13] 冯长春，曹敏政，谢婷婷. 不同生态保育尺度下铜陵市土地利用结构优化 [J]. 地理研究，2014，33（12）：2217-2227.

[14] 付诗航，刘耀林，方莹，等. 基于 SCD 的公共交通换乘时空模式——以武汉市为例 [J]. 武汉大学学报（信息科学版），2020，45（7）：1089-1098.

[15] 高德辉，许奇，陈培文，等. 城市轨道交通客流与精细尺度建成环境的空间特征分析 [J]. 交通运输系统工程与信息，2021，21（06）：25-32.

[16] 葛奔，蔡琳，王富. 基于泰森多边形服务分区的常规公交站点布局优化 [J]. 武汉工程大学学报，2018，40（06）：668-672.

[17] 谷岩岩，焦利民，董婷，等. 基于多源数据的城市功能区识别及相互作用分析 [J]. 武汉大学学报：信息科学版，2018，43（7）：1113-1121.

[18] 郭鹏，陈晓玲. 基于 GIS 的城市轨道交通站点客流辐射区域算法 [J]. 中国铁道科学，2007，28（6）：5.

[19] 郭亚军，姚远，易平涛. 一种动态综合评价方法及应用 [J]. 系统工程理论与实践，2007，27（10）：154-158.

[20] 韩会然，杨成凤，宋金平.城市居住与就业空间关系研究进展及展望［J］.人文地理，2014，29（06）：24-31.

[21] 韩宇瑶，焦利民，许刚.武汉市道路结构与商业集聚空间关联分析［J］.地理科学进展，2017，36（11）：1349-1358.

[22] 贺艳华，唐承丽，周国华，等.基于地理学视角的快速城市化地区空间冲突测度——以长株潭城市群地区为例［J］.自然资源学报，2014，29（10）：1660-1674.

[23] 侯晨煜，孙晖，周艺芳，等.基于神经网络的地铁短时客流预测服务［J］.小型微型计算机系统，2019，40（01）：226-231.

[24] 华雪东.基于供需平衡的多方式交通系统出行结构优化研究［D］.南京：东南大学，2016.

[25] 蒋阳升，罗孝羚.考虑首末站约束和站间客流强度的公交线网优化［J］.长安大学学报：自然科学版，2017，37（1）：106-111.

[26] 隽志才，李志瑶，宗芳.基于活动链的出行需求预测方法综述［J］.公路交通科技，2005，（06）：108-113.

[27] 孔祥夫，杨家文.土地利用视角下的轨道站点客流预测——以深圳市为例［J］.地理科学，2018，38（12）：2074-2083.

[28] 冷炳荣，余颖，黄大全，等.大数据视野下的重庆主城区职住关系剖析［J］.规划师，2015，31（05）：92-96.

[29] 李俊芳，杜慎旭，钱卫力.城市轨道交通车站客流吸引范围重叠区域划分模型［J］.城市交通，2015，13（6）：4.

[30] 李梅，李静，魏子健，等.基于深度学习长短期记忆网络结构的地铁站短时客流量预测［J］.城市轨道交通研究，2018，21（11）：42-46.

[31] 李苗裔，马妍，孙小明，等.基于多源数据时空熵的城市功能混合度识别评价［J］.城市规划，2018，42（2）：97-103.

[32] 李清嘉，彭建东，杨红.武汉市不同站域建成环境与轨道交通站点客流特征关系分析［J］.地球信息科学学报，2021，23（7）：13.

[33] 李婉君.基于地铁刷卡数据的乘客列车分配算法及运营状态特征分析研究［D］.北京：北京交通大学，2020.

[34] 李琬，但波，孙斌栋，等.轨道交通对出行方式选择的影响研究——基于上海市80后微观调查样本的实证分析［J］.地理研究，2017，36（05）：945-956.

[35] 李晓俊，吕晓艳，刘军.基于径向基神经网络的铁路短期客流预测［J］.铁道运输与经济，2011，33（06）：86-89.

[36] 廖嘉妍，张景秋.基于POI数据的北京城市文化设施空间分布特征研究［J］.北京联合大学学报，2020，34（1）：23-33.

[37] 林冠强，莫天文，叶晓君，等.基于TOPSIS和CRITIC法的电网关键节点识别［J］.高电压技术，2018，44（10）：3383-3389.

[38] 刘菁华，李伟峰，周伟奇，等.权衡城市扩张、耕地保护与生态效益的京津冀城市群土地利用优化配置情景分析［J］.生态学报，2018，38（12）：4341-4350.

[39] 陆锡明，王祥.轨网功能性拓展引导空间紧凑型调整——上海新一轮综合交通体系规划主旋律［J］.城市规划，2011，35（S1）：94-101.

[40] 路昊，罗霞.TOD模式下轨道交通站点周边土地利用优化模型［J］.综合运输，2020，42（1）：38-43.

[41] 罗孝羚，蒋阳升，吴奇，等.城郊公交线网hub站点和milk-run线路设计［J］.哈尔滨工业大

学学报，2019，51（03）：135-140.

[42] 马冰滢，黄姣，李双成．基于生态-经济权衡的京津冀城市群土地利用优化配置［J］．地理科学进展，2019，38（1）：26-37.

[43] 马超群，潘杰，王云．基于PLSR建模的地铁车站客流与周边用地关系分析［J］．重庆理工大学学报（自然科学），2019，33（05）：113-120.

[44] 毛帅永，焦利民，许刚，等．基于多源数据的武汉市多中心空间结构识别［J］．地理科学进展，2019，38（11）：1675-1683.

[45] 孟晓晨，吴静，沈凡卜．职住平衡的研究回顾及观点综述［J］．城市发展研究，2009，16（06）：23-28.

[46] 宁丽巧，赵鹏，谢秉磊，等．柔性间隔发车下城轨网络换乘协同优化［J］．哈尔滨工业大学学报，2019，51（09）：68-73.

[17] 欧阳琪　基于大数据与机器学习的公交客流预测与行车优化模型研究［D］．北京：北京交通大学，2020.

[48] 彭理群，罗明波，卢赫，等．基于Q-learning的定制公交跨区域路径规划研究［J］．交通运输系统工程与信息，2020，20（01）：104-110.

[49] 彭诗尧，陈绍宽，许奇，等．基于POI的土地利用与轨道交通客流的空间特征［J］．地理学报，2021，76（02）：459-470.

[50] 彭文英，刘念北．首都圈人口空间分布优化策略——基于土地资源承载力估测［J］．地理科学，2015，35（5）：558-564.

[51] 任媛，赵晓萍，钟少颖．大城市职住分离的理论阐释与平衡路径-基于文献的评论［J］．经济体制改革，2018，000（001）：53-58.

[52] 邵滢宇，丁柏群．基于聚类分析的地铁站点分类——以哈尔滨地铁1号线为例［J］．森林工程，2015，31（03）：106-111.

[53] 申婵，崔洪军．基于可靠性最短路的实时定制公交线路优化研究［J］．交通运输系统工程与信息，2019，19（06）：99-104.

[54] 申红田，严建伟，邵楠．触媒视角下城市快速轨道交通对旧城更新的影响探析［J］．现代城市研究，2016，31（9）：89-94.

[55] 沈景炎．对城市轨道交通线网规划的认识、实践、再认识［J］．城市轨道交通研究，2018，21（5）：16-28.

[56] 施念郆，李奕璇，胡洛铭，等．地铁站周边商业设施数量类型与客流关系研究——以北京地铁4号线-大兴线为例［C］//2019中国城市规划年会．2019年中国城市交通规划年会论文集．重庆：中国城市规划学会城市交通规划学术委员会，2019：898-905.

[57] 施泉，唐超．城市轨道交通车站客流时空分布特征分析——以南京地铁为例［J］．综合运输，2020，42（07）：12-17.

[58] 舒波，陈阳，崔晋，等．TOD模式下地铁站点周边城市功能结构特征初探——基于成都市地铁沿线POI数据的实证分析［J］．华中建筑，2019，37（05）：79-83.

[59] 四兵锋，何九冉，任华玲，等．基于时序特征的城市轨道交通客流预测［J］．北京交通大学学报，2014，38（03）：1-6.

[60] 孙斌栋，但波．上海城市建成环境对居民通勤方式选择的影响［J］．地理学报，2015，70（10）：1664-1674.

[61] 孙铁山．北京市居住与就业空间错位的行业差异及影响因素［J］．地理研究，2015，34（02）：351-363.

[62] 谭章智，李少英，黎夏，等. 城市轨道交通对土地利用变化的时空效应 [J]. 地理学报，2017，72（05）：850-862.

[63] 汪光焘，陈小鸿. 中国城市公共交通优先发展战略：内涵、目标与路径 [M]. 北京：科学出版社，2015.

[64] 王成芳. 广州轨道交通站区用地优化策略研究 [D]. 广州：华南理工大学，2013.

[65] 王俊珏，叶亚琴，方芳. 基于核密度与融合数据的城市功能分区研究 [J]. 地理与地理信息科学，2019，35（03）：66-71.

[66] 王淑伟，孙立山，郝思源，等. 基于精细化用地的轨道客流直接估计模型 [J]. 交通运输系统工程与信息，2015，15（3）：7.

[67] 王兴川，姚恩建，刘莎莎. 基于 AFC 数据的大型活动期间城市轨道交通客流预测 [J]. 北京交通大学学报，2018，42（01）：87-93.

[68] 王亚洁. 北京地铁站域土地利用与客流互动关系研究 [D]. 北京：清华大学，2018.

[69] 项昀，王炜，郑敦勇，等. 区域综合网络货运交通方式的优势运距研究 [J]. 交通运输系统工程与信息，2016，16（06）：33-39.

[70] 谢屾. 轨道交通站点周边土地利用经济性与城市空间叠合分析——以南京迈皋桥站为例 [J]. 城市建设理论研究（电子版），2015（02）：2363-2364.

[71] 徐杰，龚萍，金良. 基于生态绿当量的呼和浩特市土地利用结构优化评价与分析 [J]. 生态经济，2019，35（1）：196-201.

[72] 杨艳妮，席与煜，申媛菲，等. 大数据驱动的公共交通系统出行方式选择特性研究 [J]. 交通运输系统工程与信息，2019，19（1）：69-75.

[73] 姚树申，翁小雄，李飞羽. 基于时间特征行为动力学的通勤模式分析 [J]. 华南理工大学学报：自然科学版，2019，47（9）：53-60.

[74] 衣然，吴海燕. 城市郊区轨道交通站点步行吸引范围研究 [J]. 道路交通与安全，2018，18（02）：59-64.

[75] 易嘉伟，王楠，千家乐，等. 基于大数据的极端暴雨事件下城市道路交通及人群活动时空响应 [J]. 地理学报，2020，75（3）：497-508.

[76] 尹芹，孟斌，张丽英. 基于客流特征的北京地铁站点类型识别 [J]. 地理科学进展，2016，35（01）：126-134.

[77] 于晓桦，谢辉，唐子可，等. 轨道车站地区用地与交通互动规划设计研究 [J]. 同济大学学报（自然科学版），2011，30（3）：370-375.

[78] 于泳波，侯佳. 基于手机信令数据的常规公交站间 OD 识别 [J]. 交通运输系统工程与信息，2021，21（02）：65-72.

[79] 禹文豪，艾廷华. 核密度估计法支持下的网络空间 POI 点可视化与分析 [J]. 测绘学报，2015，44（01）：82-90.

[80] 翟鹏飞，张年，何梦辰. 城市外围区轨道交通客流与土地利用关系 [C] //2017 年中国城市交通规划年会. 2017 年中国城市交通规划年会论文集. 上海：中国城市规划学会城市交通规划学术委员会，2017：898-905.

[81] 张秋圆，郭亮，祝芸依. 共享单车带来的公园绿地慢行可达性变化及规划应对——以武汉市主城区为例 [C] //2019 中国城市规划年会. 活力城乡美好人居——2019 中国城市规划年会论文集（13 风景环境规划）. 重庆：中国城市规划学会，2019：29-39.

[82] 张伟伟，曹雨，刘卫铮. 我国典型地下铁路客运枢纽交通接驳设计方案研究 [J]. 交通工程，2022（02）：22.

[83] 张学波, 窦群, 赵金丽, 等 . 职住空间关系研究的比较述评与展望 [J]. 世界地理研究, 2017,
      26 (01): 32-44.

[84] 张志伟, 母睿, 刘毅 . 基于可达性的城市交通与土地利用一体化评价 [J]. 城市交通, 2018,
      16 (02): 19-25.

[85] 赵海宾, 吴明珠, 朱经纬, 等 . 接驳轨道交通的公交线路接驳效用影响模型 [J]. 武汉理工大
      学学报 (交通科学与工程版), 2023, 47 (02): 218-222, 228.

[86] 赵家瑶, 李宏伟, 邓圣乾, 等 . 基于 POI 数据的城市功能区识别及主要交通枢纽空间分析 [J].
      测绘与空间地理信息, 2019, 42 (12): 38-42.

[87] 赵韶雅, 杨星斗, 戴特奇, 等 . 基于刷卡数据的公共汽车客流网络复杂性日内变化研究 [J].
      地球信息科学学报, 2020, 22 (6): 1254-1267.

[88] 赵卫锋, 李清泉, 李必军 . 利用城市 POI 数据提取分层地标 [J]. 遥感学报, 2011, 15 (05):
      973 988.

[89] 郑红玉, 吴次芳, 沈孝强 . 土地混合利用研究评述及框架体系构建 [J]. 经济地理, 2018, 38
      (3): 157-164.

[90] 周德, 钟文钰, 周婷, 等 . 基于 POI 数据的城市土地混合利用评价及影响因素分析——以杭州
      市主城区为例 [J]. 中国土地科学, 2021, 35 (08): 96-106.

[91] 周志华 . 机器学习 [M]. 北京: 清华大学出版社, 2016.

[92] 朱锦, 洪锋, 刘杰 . 轨道交通沿线土地利用与站点客流相关性分析 [J]. 交通与运输, 2020,
      36 (01): 88-91.

[93] Biggs B. The Contribution of Flood Disturbance, Catchment Geology and Land Use to the Habitat
      Template of Periphyton in Stream Ecosystems [J]. Freshwater Biology, 1995, 33 (03):
      419-438.

[94] Cervero R. The Jobs-Housing Balance and Regional Mobility [J]. Journal of the American Plan-
      ning Association, 1989, 55 (2): 136-150.

[95] Cervero R, Murakami J. Rail + Property Development: A Model of Sustainable Transit Finance
      and Urbanism [R]. UC Berkeley, Institute of Transportation Studies, Research Reports,
      Working Papers, Proceedings, 2008.

[96] Cervero R, Kockelman K. Travel Demand and the 3Ds: Density, Diversity, and Design [J].
      Transportation Research Part D: Transport and Environment, 1997, 2 (3): 199-219.

[97] Chen C, Xia J C, Smith B, et al. Development of A Conceptual Framework for Modeling Train
      Station Choice Under Uncertainty for Park and Ride Users [C] //TRB 93rd Annual Meet-
      ing. TRB 93rd Annual Meeting Compendium of Papers: TRB T R B, 2014: 1-15.

[98] Chen T, Honda K, Wang Y C. Development of Location-Based Services for Recommending De-
      parture Stations to Park and Ride Users: A Note [J]. International Journal of Internet Manufac-
      turing & Services, 2015, 4 (1): 54.

[99] Ciari F, Schuessler N, Axhausen K W. Estimation of Carsharing Demand Using an Activity-Based
      Microsimulation Approach: Model Discussion and some Results [J]. International Journal of
      Sustainable Transportation, 2013, 7 (01): 70-84.

[100] Das I, Dennis J E. Normal-Boundary Intersection: A New Method for Generating the Pareto
       Surface in Nonlinear Multicriteria Optimization Problems [J]. Siam Journal On Optimization,
       1996, 8 (3): 631-657.

[101] Deb K, Jain H. An Evolutionary Many-Objective Optimization Algorithm Using Reference-Point-

Based Nondominated Sorting Approach, Part I: Solving Problems with Box Constraints [J]. Ieee Transactions On Evolutionary Computation, 2014, 18 (4): 577-601.

[102] Dolega L, Pavlis M, Singleton A. Estimating Attractiveness, Hierarchy and Catchment Area Extents for a National Set of Retail Centre Agglomerations [J]. Journal of Retailing and Consumer Services, 2016, 28 (Jan.): 78-90.

[103] Ducca M, Liu C, Erdogan S, et al. How to Increase Rail Ridership in Maryland? Direct Ridership Models (Drm) for Policy Guidance [J]. Journal of Urban Planning and Development, 2014, 142 (4): 4016017.

[104] Ewing R, Cervero R. Travel and the Built Environment: A Meta-Analysis [J]. Journal of the American Planning Association, 2010, 76 (3): 265-294.

[105] Li F X, Xie Z K, Clarke K C, et al. An Agent-Based Procedure with An Embedded Agent Learning Model for ResidentialLand Growth Simulation: The Case Study of Nanjing, China [J]. Cities, 2019, 88: 155-165.

[106] Feng J, Mao B H, Li X M, et al. Weighted Complex Network Analysis of the Beijing Subway System: Train and Passenger Flows [J]. Physica A Statistical Mechanics & Its Applications, 2017, 474: 213-223.

[107] Filion P. Suburban Mixed-Use Centres and Urban Dispersion: What Difference Do they Make [J]. Environment and Planning A, 2001, 33 (1): 141-160.

[108] Gan Z, Yang M, Feng T, et al. Examining the Relationship Between Built Environment and Metro Ridership at Station-to-Station Level [J]. Transportation research, Part D. Transport and environment, 2020, 82 (May): 1-19.

[109] Gutjahr W, Pichler A. Stochastic Multi-Objective Optimization: A Survey on Non-Scalarizing Methods [J]. Annals of Operations Research, 2016, 236 (2): 475-499.

[110] Hasan S, Schneider C, Ukkusuri S, et al. Spatiotemporal Patterns of Urban Human Mobility [J]. Journal of Statistical Physics, 2013, 151 (1): 304-318.

[111] Herbon A, Hadas Y. Determining Optimal Frequency and Vehicle Capacity for Public Transit Routes: A Generalized Newsvendor Model [J]. Transportation Research Part B, 2015, 71 (jan.): 85-99.

[112] Hong Y, Yao Y. Hierarchical Community Detection and Functional Area Identification with Osm Roads and Complex Graph Theory [J]. International Journal of Geographical Information Science, 2019, 33 (7/8): 1-19.

[113] Houston D. Methods to Test the Spatial Mismatch Hypothesis [J]. Economic Geography, 2005, 81 (4): 407-434.

[114] Javanmardi M, Langerudi M F, Anbarani R S, et al. Mode Choice Modelling Using Personalized Travel Time and Cost Data [C] //Proceedings of the International Conference on Travel Behaviour Research, 2015.

[115] Gutiérrez J, Cardozo O D, Carlos G J. Transit Ridership Forecasting at Station Level: An Approach Based on Distance-Decay Weighted Regression [J]. Journal of Transport Geography, 2011, 19 (6): 1081-1092.

[116] Jun M J, Choi K, Jeong J E, et al. Land Use Characteristics of Subway Catchment Areas and their Influence On Subway Ridership in Seoul [J]. Journal of Transport Geography, 2015, 48 (Oct.): 30-40.

数据驱动下的大型城市功能
与客流协同优化研究

[117] Kim H，Nam J. The Size of the Station Influence Area in Seoul，Korea：Based on the Survey of Users of Seven Stations [J]. International Journal of Urban Sciences，2013，17 (3)：331-349.

[118] Krygsman S，Arentze T，Timmermans H. Capturing Tour Mode and Activity Choice Interdependencies：A Co-Evolutionary Logit Modelling Approach [J]. Transportation Research Part A，2007，41 (10)：913-933.

[119] Lana I，Del Ser J，Velez M，et al. Road Traffic Forecasting：Recent Advances and New Challenges [J]. IEEE Intelligent Transportation Systems Magazine，2018，10 (2)：93-109.

[120] Li H，Wang Y，Xu X，et al. Short-Term Passenger Flow Prediction Under Passenger Flow Control Using a Dynamic Radial Basis Function Network [J]. Applied Soft Computing，2019，83：105620.

[121] Li J，Jia R，Zhang K，et al. Research on Construction of Crude Set Model of Critical Fault Information for Bus Based on Can-Bus Data [J]. IEEE Access，2020 (99)：13987-13997.

[122] Li X，Ma X. An Improved Simulated Annealing Algorithm for Interactive Multi-ObjectiveLand Resource Spatial Allocation [J]. Ecological Complexity，2018，36：184-195.

[123] Li Z C，Chen Y J，Wang Y D，et al. Optimal Density of Radial Major Roads in a Two-Dimensional Monocentric City with Endogenous Residential Distribution and Housing Prices [J]. Regional Science & Urban Economics，2013，43 (6)：927-937.

[124] Li Z C，Lam W，Wong S C，et al. Modeling the Effects of Integrated Rail and Property Development on the Design of Rail Line Services in A Linear Monocentric City [J]. Transportation Research Part B，2012，46 (6)：710-728.

[125] Li Z C，Peng Y T. Modeling the Effects of Vehicle Emission Taxes on Residential Location Choices of Different-Income Households [J]. Transportation Research Part D Transport and Environment，2016，48：248-266.

[126] Lin T G，Xia J C，Robinson T P，et al. Enhanced Huff Model for Estimating Park and Ride (Pnr) Catchment Areas in Perth，Wa [J]. Journal of Transport Geography，2016，54 (Jun.)：336-348.

[127] Liu R，Chen Y，Wu J，et al. Mapping Spatial Accessibility of Public Transportation Network in an Urban Area-A Case Study of Shanghai Hongqiao Transportation Hub [J]. Transportation Research Part D：Transport and Environment，2018，59：478-495.

[128] Liu Y，Ji Y，Shi Z，et al. The Influence of the Built Environment on School Children's Metro Ridership：An Exploration Using Geographically Weighted Poisson Regression Models [J]. Sustainability，2018，10 (12)：4681-4684.

[129] Louail T，Lenormand M，Cantu R O G，et al. From Mobile Phone Data to the Spatial Structure of Cities [J]. ScientificReports，2014，4 (1)：1-12.

[130] Ma X，Lo H K. On Joint Railway and Housing Development Strategy [J]. Procedia-Social and Behavioral Sciences，2013 (80)：7-24.

[131] Maoh H，Tang Z. Determinants of Normal and Extreme Commute Distance in a Sprawled Midsize Canadian City：Evidence From Windsor，Canada [J]. Journal of Transport Geography，2012，25：50-57.

[132] Margolis M L. The Moving Frontier：Social and Economic Change in a Southern Brazilian Community [M]. Gainesville：University of Florida Press，1973.

[133] Marshall N，Grady B. Sketch Transit Modeling Based on 2000 Census Data [J]. Transportation

Research Record: Journal of the Transportation Research Board, 2006, 1986 (1): 182-189.

[134] Namiot D, Sneps-Sneppe M. On Proximity Versus Geo-information Systems [J]. 2019, DOI: 10. 48550/arXiv. 1906. 09466.

[135] Mueller S, Tscharaktschiew S, Haase K. Travel-to-School Mode Choice Modelling and Patterns of School Choice in Urban Areas [J]. Journal of Transport Geography, 2008, 16 (5): 342-357.

[136] Namiot D, Sneps-Sneppe M. On Proximity Versus Geo-Information Systems [P].

[137] Ng K F, Lo H K. On Joint Railway and Housing Development: Housing-Led Versus Railway-Led Schemes [J]. Transportation Research Part B Methodological, 2017, 106: 464-488.

[138] Ni M, He Q, Gao J. Forecasting the Subway Passenger Flow Under Event Occurrences with Social Media [J]. IEEE Transactions On Intelligent Transportation Systems, 2016, 18 (6): 1623-1632.

[139] Niu H, Zhou X, Gao R. Train Scheduling for Minimizing Passenger Waiting Time with Time-Dependent Demand and Skip-Stop Patterns: Nonlinear Integer Programming Models with Linear Constraints [J]. Transportation Research Part B, 2015, 76 (Jun.): 117-135.

[140] Ouyang Q, Lv Y, Ma J, et al. An Lstm-Based Method Considering History and Real-Time Data for Passenger Flow Prediction [J]. Applied Sciences, 2020, 10 (11): 3788.

[141] Pang J, Othman N B, Ng K M, et al. Efficiency and Robustness of Different Bus Network Designs [J]. International Journal of Modern Physics C, 2015, 26 (03): 1550024.

[142] Paule-Mercado M C A, Salim I, Lee B Y, et al. Monitoring and Quantification of Stormwater Runoff From Mixed Land Use and Land Cover Catchment in Response to Land Development [J]. Ecological Indicators, 2018, 93 (Oct.): 1112-1125.

[143] Preston V, Mclafferty S. Articles: Spatial Mismatch Research in the 1990S: Progress and Potential [J]. Papers in Regional Ence, 2010, 78 (4): 387-402.

[144] Renne J L, Ewing R. Transit-Oriented Development: An Examination of America's Transit Precincts in 2000 & 2010 [J]. UNOTI Publications, 2013, 17 (1): 1-175.

[145] Reyer M, Fina S, Siedentop S, et al. Walkability is Only Part of the Story: Walking for Transportation in Stuttgart, Germany [J]. International Journal of Environmental Research and Public Health, 2014, 11 (6): 5849-5865.

[146] Ryan M, Lin T G, Xia J C, et al. Comparison of Perceived and Measured Accessibility Between Different Age Groups and Travel Modes at Greenwood Station, Perth, Australia [J]. European Journal of Transport and Infrastructure Research, 2016, 16 (2): 406.

[147] Sanko N, Shoji K. Analysis of the Structural Characteristics of the Station Catchment Area in Japan [J]. Thredbo, 2009, 07 (6): 6-18.

[148] Shaoa C J T. Logistic Regression Models for the Nearest Train Station Choice: A Comparison of Captive and Non-Captive Stations [J]. Case Studies on Transport Policy, 2015, 3 (4): 382-391.

[149] Sohn K, Shim H. Factors Generating Boardings at Metro Stations in the Seoul Metropolitan Area [J]. Cities, 2010, 27 (5): 358-368.

[150] Sugangga M, Kartidjo W, Soelaiman T M A. Microclimate Design Review (Study Case: Tod Area at Gedebage, Bandung) [J]. Advances in Science and Technology, 2020, 103: 63-69.

[151] Sun L, Wang S W, Yao L Y, et al. Estimation of Transit Ridership Based on Spatial Analysis

数据驱动下的大型城市功能
与客流协同优化研究

and Precise Land Use Data [J]. Transportation Letters, 2015, 8 (3): 140-147.

[152] Tao G, Bo L, Lei T, et al. Research on Tod Reasonable Area Around Urban Rail Traffic Site——A Case Study of West Jiangnan Station on Guangzhou No. 2 Subway Line [J]. Planners, 2008, 3 (24): 75-78.

[153] Taylor B D, Miller D, Iseki H, et al. Nature and/or Nurture? Analyzing the Determinants of Transit Ridership Across Us Urbanized Areas [J]. Transportation Research Part A Policy & Practice, 2009, 43 (1): 60-77.

[154] Tran V H, Cheong S A, Bui N D. Complex Network Analysis of the Robustness of the Hanoi, Vietnam Bus Network [J]. Journal of Systems Science & Complexity, 2019, 32 (5): 1251-1263.

[155] Wang C, Yan T. Exploration on Conceptual Planning of High-Speed Railway Station Area On the Edge of Big Cities——Taking the Planning of Wenzhou South Railway Station as an Example [J]. Chinese & Overseas Architecture, 2019, 09 (30): 101-103.

[156] Yu W W, Cao J D, Chen G R, et al. Special Focus on Distributed Cooperative Analysis, Control and Optimization in Networks [J]. Science China (Information Sciences), 2017, 60 (11): 65.

[157] Yang S, Zhao W, Liu Y, et al. Influence of Land Use Change on the Ecosystem Service Trade-Offs in the Ecological Restoration Area: Dynamics and Scenarios in the Yanhe Watershed, China [J]. Science of the Total Environment, 2018, 644 (Dec. 10): 556-566.

[158] Ye Y, Wang C, Zhang Y, et al. Low-Carbon Transportation Oriented Urban Spatial Structure: Theory, Model and Case Study [J]. Sustainability, 2017, 10 (1): 19.

[159] Yim K, Wong S C, Chen A, et al. A Reliability-Based Land Use and Transportation Optimization Model [J]. Transportation research, Part C. Emerging technologies, 2011, 19 (2): 351-362.

[160] Tsai Y H. Impacts of Self-Selection and Transit Proximity on Commute Mode Choice: Evidence From Taipei Rapid Transit System [J]. Annals of Regional Science, 2009, 43 (4): 1073-1094.

[161] Zhang H, Zeng Y, Jin X, et al. Simulating Multi-Objective Land Use Optimization Allocation Using Multi-Agent System—A Case Study in Changsha, China [J]. Ecological Modelling, 2016, 320: 334-347.

[162] Zhang J, Chen F, Cui Z, et al. Deep Learning Architecture for Short-TermPassenger Flow Forecasting in Urban Rail Transit [J]. IEEE Transactions on Intelligent Transportation Systems, 2020, 22 (11): 7004-7014.

[163] Zhang X, Zhang Q, Sun T, et al. Evaluation of Urban Public Transport Priority Performance Based on the Improved Topsis Method: A Case Study of Wuhan [J]. Sustainable Cities and Society, 2018, 43: S489542040.